成功へのアクセスコード

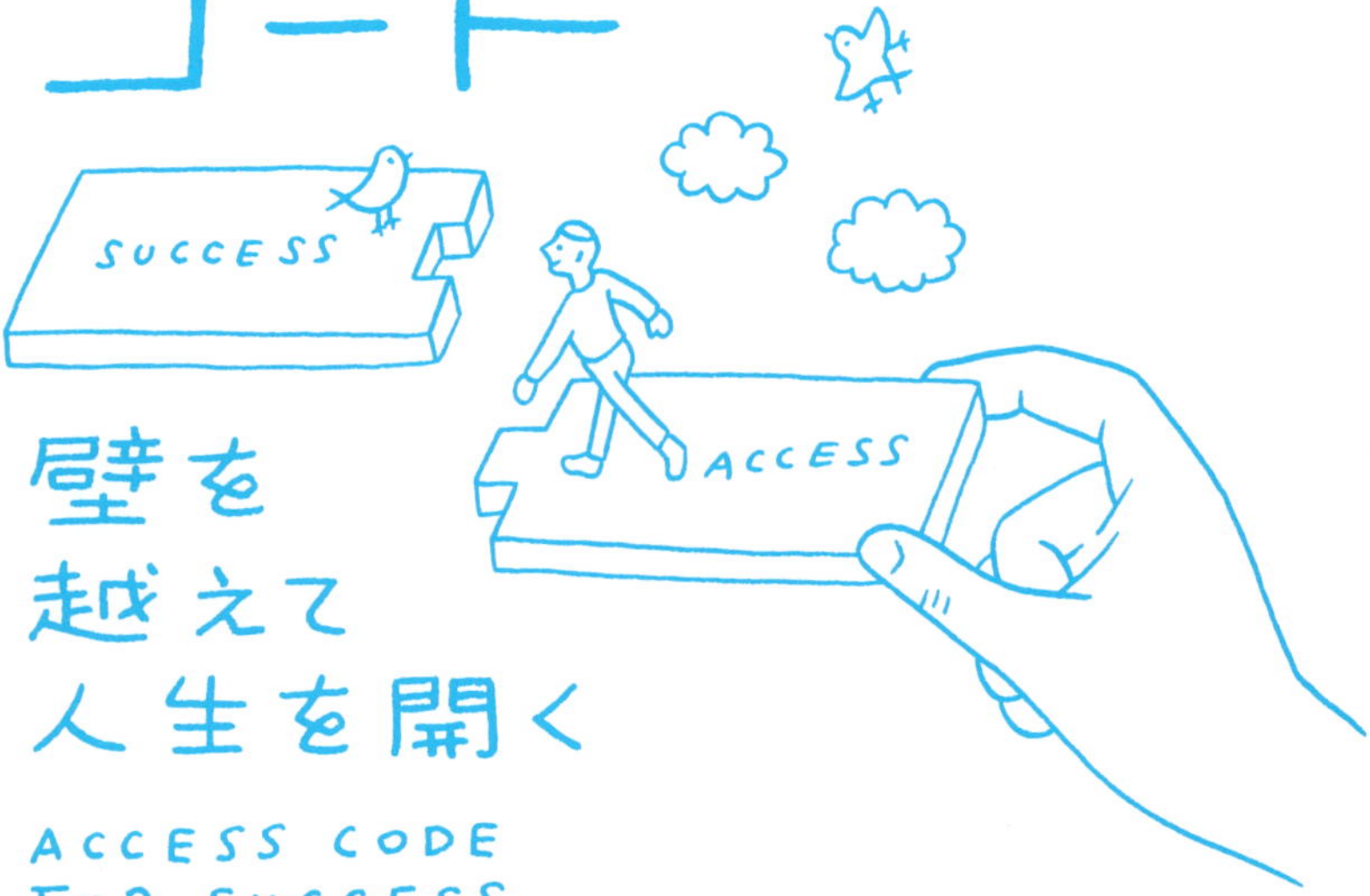

壁を越えて人生を開く

ACCESS CODE FOR SUCCESS

山崎拓巳

きずな出版

はじめに
この人生でいいのか

21歳のときボクは大学を中退した。
4年生になる春だった。

当時の日本は確固《かっこ》たる「年功序列」「終身雇用」の時代。
いい大学に行き、いい企業に勤めると一生安泰《あんたい》だと誰もが信じていた。

あなたは会社を辞めたことがあるだろうか?
辞めてみると「あんな小さな世界にいたの?」と気づく。

しかし、そこにいる者にとって広大な宇宙がそこにはあり、そこでの評価は人生の評価と感じたりする。

誰かの一言が心に突き刺さり、か弱い感情は簡単に引き裂かれる。
腹が立ち、怒りが込み上げてくるが、それを饒舌《じょうぜつ》に言葉にできないもどかしさもある。

しかし、それらから少し距離を保つと、俯瞰《ふかん》して、ものが見える。
こだわっていたアレコレがどうでもよく感じ、新しい世界でのワクワクが始まる。

人は想定できる違和感と、想定できない違和感だと、想定できるほうを選ぶらしい。
だから、同じ店に行き、同じ帰るルートを選び、同じ人と飯《めし》を食う。

あなたにとって人生とは何か？

「昨日のやり残したこと」

「今日のやるべきこと」

「明日のためにやっておきたいこと」

……それらにかまけて、人生を浪費《ろうひ》していいのか？


一度、立ち止まり、本当はどう生きたいのか？　などと考えてみるのもいい。

たった一度の人生を、いま一度、考えてみないか？

目次

成功へのアクセスコード

01 □「知識の壁」を解除するアクセスコードは、まず100個の夢を紙に書き出してみることだ。

02 □「恐怖の壁」を解除するアクセスコードは、想定できない未来を選ぶことなんだ。

03 □「世間の壁」を解除するアクセスコードは、光を選択しつづけることなんだ。

04 □「一般の壁」を解除するアクセスコードは、確固たるものを疑うことなんだ。

05 □「歴史の壁」を解除するアクセスコードは、歴史を自分につなげてみることなんだ。

06 □「友達の壁」を解除するアクセスコードは、輪からはずれても、また新しい輪があることを知ることなんだ。

07 □ 「お金の壁」を解除するアクセスコードは、お金の本当の意味を知ることなんだ。

08 □ 「我の壁」を解除するアクセスコードは、自分の「欲」に「公」を足すことなんだ。

09 □ 「経験の壁」を解除するアクセスコードは、新鮮な世界を生きつづけることなんだ。

10 □ 「記憶の壁」を解除するアクセスコードは、目の前の見慣れた現実を、事件に変えることなんだ。

11 □ 「想像力の壁」を解除するアクセスコードは、情熱の源泉を掘り当てることなんだ。

12 □ 「変化のスピードの壁」を解除するアクセスコードは、強力な好奇心と、柔軟な対応力を持つことなんだ。

13 □ 「環境の壁」を解除するアクセスコードは、いまの環境に縛られず、新たなる環境に自分自身を置くことなんだ。

14 □ 「能力の壁」を解除するアクセスコードは、自分の苦手は、他者の得意を活かす才能だと知ることなんだ。

15 □ 「言語の壁」を解除するアクセスコードは、新しい言葉を学んで、新しい自分と出会うことなんだ。

16 □ 「誘惑の壁」を解除するアクセスコードは、誘惑の対象を分析して、自分自身の意識構造を解明していくことなんだ。

17 □ 「体力の壁」を解除するアクセスコードは、死を思うことにより、生きるとは何かを知ることなんだ。

18 □ 「健康の壁」を解除するアクセスコードは、しっかり歩き、水・空気・食物の質を上げることなんだ。

19 □ 「人間関係の壁」を解除するアクセスコードは、「できることをやる」日々の努力を積み重ねていくことなんだ。

20 □ 「年齢の壁」を解除するアクセスコードは、相手に関心を持つことなんだ。

21 □ 「β波の壁」を解除するアクセスコードは、心の芯をゆるませることなんだ。

22 □「わかった！ の壁」を解除するアクセスコードは、「初めて体験」を積極的に行っていくということなんだ。

23 □「一歩が出ない壁」を解除するアクセスコードは、やってみてダメだったらやめればいい、と思って始めることなんだ。

24 □「失敗したらどうしようの壁」を解除するアクセスコードは、「失敗」の定義づけを変えることなんだ。

25 □「黒い心の壁」を解除するアクセスコードは、どんな自分でありたいかを確認することなんだ。

26 □「問題の壁」を解除するアクセスコードは、感情をアレンジして行動に移すことなんだ。

27 □「怠惰の壁」を解除するアクセスコードは、人間は怠惰なものだと知ることなんだ。

28 □「エネルギーの壁」を解除するアクセスコードは、遠くへ行こうとすればするほどエネルギーは大きくなるということなんだ。

29 □「やる気のリバウンドの壁」を解除するアクセスコードは、未来に関する記憶を増量し、ワクワクを復活させることなんだ。

30 □ 「感情の壁」を解除するアクセスコードは、静かなる意識につながり、その世界にリアリティを与えていくことなんだ。

31 □ 「嫌な人の壁」を解除するアクセスコードは、自分の価値観の物差しを折ってしまうことなんだ。

32 □ 「焦りの壁」を解除するアクセスコードは、「本当に間に合うのか?」と自分にチェックを入れることなんだ。

33 □ 「制限の壁」を解除するアクセスコードは、心地よく行動に移す「実験スタイル」に換えていくことなんだ。

34 □ 「集中力の壁」を解除するアクセスコードは、「自分を楽しませること」を把握することなんだ。

35 □ 「脳の壁」を解除するアクセスコードは、記憶の中に固定化された、決めつけてしまっていた中から宝を見つけることなんだ。

36 □「心配の壁」を解除するアクセスコードは、起きてほしくないことを思うのではなく、起きてほしいことを心に描くことなんだ。

37 □「奢りの壁」を解除するアクセスコードは、ズレていないと思うときは、ズレているんだと認識することなんだ。

38 □「常識の壁」を解除するアクセスコードは、常識にとらわれず、自分自身の軸を大切にすることなんだ。

39 □「質問の壁」を解除するアクセスコードは、問題に対しての答えを考えるのではなくて、問題を解くための極上の質問を先に考えることなんだ。

40 □「決断の壁」を解除するアクセスコードは、決断は努力ではなく、集中することだと知ることなんだ。

41 □「習慣の壁」を解除するアクセスコードは、新しいことを気負わずに始めることなんだ。

第１章

自分の居場所は、ここでいいのか

——日常の違和感に気づく

01

知識の壁

大切なものに出会う

「最も大切なことは、最も大切なことを最も大切にすることである」

……という、スティーブン・R・コヴィー博士の言葉がある。

当たり前だって思う人もいる。

しかし、あなたにとって「最も大切なこと」は何なのか？

わかっていなかったら、最も大切なことを最も大切にはできない。

あなたは、どんなとき、楽しいのか？

どんなとき、笑うのか？

どんなとき、「この時間が続いてほしい」と思うのか？

あなたは、どんなとき、悲しいのか？
どんなとき、泣きたくなるのか？
どんなとき、「この時間が早く終わってほしい」と思うのか？

紙に書いてみよう。
目の前に吐露《とろ》し、客観視してみよう。
「最も大切なこと」がわかるかもしれない。

夢はあるか？
20歳のとき、100個の夢を書いてみよう、と言われた。
夢は紙に書くと叶《かう》う、とも言われた。
紙を出し、ペンを用意し、100個の夢を書きはじめてみた。
30個でペンが止まり、愕然《がくぜん》とした。
夢が出てこない。

夢は知識だ。

知ってこそ、求め、体験したくなり、所有したくなる。

知らなかったら目指しようがない。


30個しか書くことがなく、自分に夢がないことに驚いた。

そんな自分に腹が立ち、強引に書き進めた。

「海外に行きたい」というのを「イタリアに行きたい」「フランスに行きたい」「ニューヨークに行きたい」と水増しした。

70個で手が止まった。

そこから先は無理をして、さらに思ってもいない夢を書いた。

「幼稚園をつくる」「心病《や》む人を救う」……「ホッチキスが欲しい」とも書いた。

思ってもいない夢や、小さな、小さな夢。

しかし、小さいほうから夢が叶うわけではないことにも、あとで気づき、驚いた。

夢がないという人もいる。

知らないのだ。

自分を高揚《こうよう》させる場所や、物や、芸術や、人が世の中にはわんさか存在する。

なかには「夢がない」と言いながら「現状維持《いじ》」という強力な夢を持っている人がいる。

知らないあいだに「現状維持モード」に縛《しば》られている。

少しでも現状が下降すると、凄《すご》い勢いでがんばれる。

現状が復帰すると、またお気楽モードでサボりはじめる。

全身全霊で現状を維持する人たちがいる。

本当にそれでいいのだろうか？

もう一度、ワクワクした気持ちで、自分の未来に期待してみようじゃないか。

成功へのアクセスコード

01

「知識の壁」を解除するアクセスコードは、
まず100個の夢を紙に書き出してみることだ。

02

恐怖の壁

怖いところに踏み出す

緊張感が漂《ただよ》う中学校。

強いストレスを感じながら、高校受験の準備をしていた。

「○○君は、もう○○高校に決まったみたいよ」

「○○さんは、推薦で○○高校らしいよ」

と受験が終わった人たちの噂を聞くと、心から「いいな〜。もう終わったんだ。いいな〜」

と思った。


希望の公立高校がダメだったときのためにと、私立高校をボクは受験した。

無事、それに合格する。

合格条件は「特待生と同じクラス。しかし授業料は免除《めんじょ》ではなく、進級時に努力して基準を超えられたら、他の生徒と同じく授業料が免除になる」というものだった。

ボクは公立高校じゃなく、この私立高校がいいのでは、と思うようになる。

少しでも早く、この強いストレス状態から逃れたかった。

担任に相談すると、「なかなかいい高校よ！　いいんじゃない?!」と後押ししてくださった。

そのときだ。

「あんた、公立高校を受けるのが怖いんでしょ？」

と、2年のときの担任だったT先生に指摘される。

彼女は眼鏡の奥で、ボクをぎゅっと睨《にら》んだ。

「え?!　怖くないですよ。じゃ、公立も受けますよ！」

と、カチンと来ながらも言い返した。

カチンと来た理由は、T先生の言ったことが図星《ずぼし》だったからだ。

もうこんな精神状態から逃れたい。

もしかすると受験を失敗するかもしれない。

「恐怖の壁」がボクの目の前に現れた。

言い訳を考える脳は雄弁《ゆうべん》で、適当な、もっともらしい理由を考えつき、それらを組み合わせては自分をも説得し、納得させてしまう。


図星で言い当てられ、カチンと来た脳は、反射的に最も難易度の高い公立高校を選択させた。のちに、その高校に合格することになるのだが、神様のギフトとして「一人暮らし」という特典までいただいた。

「恐怖の壁」をひょいと乗り越えたおかげで、「15歳からの一人暮らし」という高校生活は刺激的な毎日をボクに与えてくれた。


「恐怖の壁」って、どうして現れるのだろう？

家庭内暴力を受けている女性がなぜ、夫の側《そば》を離れ、飛び出していかないのかを精神科医に尋《たず》ねたという話を聞いたことがある。

精神科医はこう答える。

「家に帰ると暴力を受けるかもしれないという恐怖感と、家を飛び出してやっていけるのかという恐怖感。人は想定内の恐怖感と未知なる想定外の恐怖感があると、あらかじめ想定できる恐怖感を選ぶのです」と。

住み慣れた街は日常に飲み込まれ、退屈な街に変わってしまった。

しかし、都会へはなかなか出ていけない。

想定内の違和感よりも、想定外の違和感を嫌う。

行きつけのスパを選ぶか、初めて行くスパを選ぶか？　気がつくと現状維持を好んでやってしまう。

ボクたちの脳は現状維持が大好きだ。

過去に経験がない新しいことや、過去うまくいかなかったことを選びたくないんだ。
昨日と同じ今日、今日と同じ明日を好むようになっている。
恐怖の壁の内側には現状維持という強い、強い流れが潜《ひそ》んでいる。

成功へのアクセスコード

02

「恐怖の壁」を解除するアクセスコードは、
想定できない未来を選ぶことなんだ。

03

世間の壁

アンチな人は必ず存在する

自分も含めて、世の中の人は、みんな世間知らずだ。

そして、自分が世間知らずだと知らずに生きている。

世間知らずの特徴は、自分の知っている世間が世のすべてだと思い、疑わない。

自《おの》ずと限られた世界でものを考え、

「そんなことはすべきではないし、私にはできない」

「常識で考えて無理なことだ」

「それに決まっている。他の選択肢はない」

と、確固たる理由を元に、自分に制限を与え、未来を限定してしまう癖《くせ》がある。

世の中は、そんな人たちで構成されているのかもしれない。

違った意味で考えると、自分の持つ世間を広げることは「大人のマナー」ではないか？

自分の持つ世間が広がると、世の中の仕組みやカラクリが見えてくる。

これが見えるようになるまでは、仕組みの中の歯車として生きるしかないのだ。


仕組みやカラクリが見えてくれば、世の中がどう構築され、何により動かされ、どうやれば稼げるかも、人の役に立つのかもわかるようになってくる。


では、人はなぜ自分の世間を広げようとしないのか？

その理由は、広げはじめると、自分に対してアゲンストな人が現れるからだ。

あなたに異議申し立てをし、苦言《くげん》や噂話を始める人が現れることで心は揺れる。

そこで踏みとどまってしまう人がたくさんいるのだ。

しかし、よく見るとアゲンストな人が現れた分だけ、あなたに賛成し、協力したいという人も出現している。

世には影だけが存在することは不可能なのだ。

影があるなら光が存在している。


しかし、人は弱いもので、光よりも影が気になる。

アゲンストな存在が気になると、力を奪われ、衰弱《すいじゃく》してしまうのだ。

影を気にしはじめると、あなたは自分の持つ世界を広げる人から、影に怯《おび》える人と変化する。あなたに賛同した人も、変化しはじめる。

そんなあなたに賛同しているのではないからだ。彼らは自分の世間を広げようとするあなたに賛同していたのだ。


影に気をとられるのは危険だ。

アゲンストな人たちはクレーマーなのだ。

職場でも、ＰＴＡでも、同窓会でも要注意な人物で、そのやり方で人間関係を知らず識《し》らず操《あやつ》り、ポジションをつくってきた人たちなのだ。

あなたが市議会議員に立候補すれば、敵が増殖する。

しかし、協力者も増殖する。

当選すれば、さらに両者が増える。

世の中は賛否両論で構成されている。そんな人たちが、あなたの世間が広がったことで、あなたの世界に内包《ないほう》されてくるだけなのだ。

影に意識を集中せず、光に意識を向けよう。


では、どうすると世間を広げることができるのか？


それは目の前の人から見える世間を垣間《かいま》見る癖づけだ。

適切な質問を投げかけることで、その人が世間をどう見ているかを体験することができ、その人の「世界観」を知ることができる。

「どんなお仕事をされているんですか？」

「何をやっているときが楽しいですか？」

「最近は何に集中されていますか？」

聞いていくと「飲食業は、雨の日って客が減るんだ。なるほど、自分も億劫《おっくう》で外食しないもんな」とか「奥様も一緒にお店に出ているんだ」とか「日曜は市場が休みなんだ」と、あなたの世間がこうやって広くなっていく。

昔、事業で成功した親戚の叔父さんに、

「チャンスって、何？」

と聞いてみたことがある。

「チャンスを見つけたいなら、人の失敗したあとを探すといい」

とボソリと言った。

叔父さんはこう説明した。

世の中の人たちは失敗した人をただただ笑い者にするだけだが、失敗した人も馬鹿じゃない。チャレンジしたくなる何かがそこにあったから、行動に移せたのだ。

失敗したあとを探すと、そのチャレンジしたくなった何かを見つけることができる。それがチャンスだと。

人の目で世の中を見ることで、あなたの世間は広がり、人には見えない世界が見えてくるのだ。


世間は広い。

70億人を超える人が、一人ひとり自分の世界を持っている。

すべてに誰かの意図が加わり、世界はカタチをなしている。

力の関係や、お金の関係、心の関係で絶妙なバランスをとり、しかも刻一刻《こくいっこく》と変化しつづけている。

成功へのアクセスコード

03

「世間の壁」を解除するアクセスコードは、光を選択しつづけることなんだ。

04

一般の壁

違う自分を受け入れる

街を歩くと当然だが、たくさんの人たちを見かける。名も知らぬ人、人、人……。背広に身を包み、毎日、毎日、満員電車で会社に通い、小さな幸せを心で大きく育てている人たちもいる。家と会社、同じ道を車で通い、ときたま飲みに出かけては心に溜まった感情の削りカスを吐き出して、また翌日スッキリした気持ちで、いつもと同じ時間に起き、通勤する人たちもいる。

寒空の下、道路を修復する人、炎天下で汗だくになり次の目的地に向かうビジネスマンも、しかめっ面で書類を見ながら、公園のベンチでコンビニのサンドイッチを食す女性もいる。

ふとしたとき、彼らがこの国を支えているんだと、ボクは思った。

分厚い層を構成している一般の人。なかには多くを考えず、マスコミに踊《おど》らされたり、目先の欲に振りまわされたり、大きなものに巻かれたり、幅の狭い価値観に縛られたり、会社という限られたフィールドの規則に、がんじがらめになったりして生きている人もいる。みんな、何かに笑って、何かに縛られ、何かを呪《のろ》って、何かを求めて生きている。上手に楽しむ人もいるが、のたうちまわっている人もいる。すっかり諦《あきら》めている人もいれば、欲に駆《か》られて翻弄《ほんろう》されている人もいる。決して少数ではない。じつは大多数の人が、こうやって生きているんだ。しかし、日本を支えているのは彼らだ。

ある映像を観ていたら、「こうしないから天才が育成できないんだ」と、どこかの先生が言っていた。

質疑応答で手が挙がり、「天才は一部の人で、たいていはその他大勢でいいのではないか?」と意見があがった。

「部下に天才がいると扱いにくい」という主旨《しゅし》だったが、そのことにボクはびっくりし、そのあとなぜか「なるほど」と合点《がてん》がいった。

組織運営の観点で見ると、創業当初は癖のある面白い人間が集まり、泥臭く起業し、事業を走らせていくが、ある程度軌道《きどう》に乗り、人数が増え、組織化されてきたときに、癖のある創業メンバーはお役目が終わり、居づらくなってくる。

また組織を構成する人間も、癖がある人よりは従順な人のほうが統率が取りやすくなってくる。その行く末が、分厚い層の一般の人を育成してしまう教育となってしまうのだ。

しかし、これからの時代は、それでいいのだろうか?

日本は、生産国として国を繁栄させるには、労働賃金が高すぎる。いままでになかったサービスや、技術、手ごたえのあるコンテンツを世界に広げていかなければならない。自ずと、個性的な人材が必要となる。

面白い発想をし、それを行動に結びつける機動力があり、トライアンドエラーから意図以上の面白い結果まで辿《たど》り着くことができる、魂の体力のある人を世に送り出したい。

豪傑《ごうけつ》でも、しなやかでもよいから、アスファルトを穿《うが》つような雑草力を持った面白い人間を生み出す、また組織の中で彼らを守っていくような教育が求められている。

実際、世の中は、情報が洪水《こうずい》のごとく脳の中に押し寄せ、自分と向き合う時間がなかなか持てない。昔の人間が一生で出会う情報量を、いまの人たちは数年で体験する。

ちょっとした隙間の時間も、スマートフォンやテレビ等が黒く塗りつぶしていく。

孤独や退屈になる暇もない。もし孤独感や、退屈だと感じる時間に遭遇《そうぐう》したなら、自分と向き合える絶大なるチャンスだ。

「制限がないなら、どんな人生がいいのか？」

「本当はどう生きたいのか？　どう在《あ》りたいのか？」

と自問自答することができるチャンスなのだ。

いかにこの情報の洪水から、必要じゃない情報を捨てることができるか？

そして自分と向き合い、自分の生きる軸は何なのかを考える時間を確保することが、より重要な時代となっている。

自分が信じていること、自分が望んでいること、自分が感じていること、それらすべても、じつは誰かからの刷り込みで、知らず識らず、それらを自分の心の声としてしまっているが、本当は違うのではないかと疑ってほしい。いろんなことを体験している自分、その自分はいったい誰なのか？　と考えてみてほしい。

物事の本質や真理を探究し、自分の軸を再認識し、強化する。

さらに深い問いを自分に投げかけ、もう一歩先の自分を誘《おび》き出す。

これが自分を削り出す作業であり、人生をより面白く、より意味深いものにしてくれると、ボクは信じている。

成功へのアクセスコード

04

「一般の壁」を解除するアクセスコードは、確固たるものを疑うことなんだ。

05

歴史の壁

知ることを拒否しない

日本のテクノロジーは世界的に素晴らしいが、日本人の精神性については幼稚《ようち》ではないかと言われたりする。

日本人の精神性が大人化するには、日本人は日本のことをもっと知るべきだと思う。真実を知るべきだと思う。

いったい、日本人はどんな歴史を生きてきて、どんな由縁《ゆえん》で、いまの自分たちがいるのか？

幕末の本当の意味、本当の姿はどんなものだったのか？

日本はなぜ戦争をしたのか？

戦後、どんな意図が加わって、いまに至っているのか？

外の国の人たちは日本人をどう思っているのか？

学校で学んだこと以外に勉強してみよう。

知ることで飛躍的に自分が変わっていくことがある。


本でもいいし、映画でもいい。ネットで調べるのも、人に聞くのもいい。

好奇心に一旦、火がつけば、止めることはできない。

どこからでもいい。歴史はつながっている。

坂本龍馬からでも、マッカーサーからでも、日露戦争からでも、深掘りを始めると止まることはない。

地球人として、モンゴリアンとして、アジア人として、日本人として、いったい、自分は誰なんだろうかと。生まれた地域について研究するのもとてもいい。育った場所を根ほり葉ほり、深掘りすることも大切だ。


知ることを阻《はば》む仕組みも存在する。

それが歴史の壁だ。

どうそれを越えて学ぶのかよりも、その越えるべき壁があることを知ることが最大の学びであったりする。そして、知ろうとする自分と出会うことが重要なのである。

昔、歴史の授業が暗記科目だと思っていた。

しかし歴史は、生身の人、一人ひとりの人生の物語だったんだと知ることになる。

みんな、親がいて、子どもがいたりし、人生への希望があって、欲もあり、絶望も希望も共存し、いまのあなたと、なんら変わりのない一人の人間が、時代の中で稀有《けう》な人生を歩み、いまも名前を轟《とどろ》かせているのだ。


講演が終わって歩いていると、「山﨑さんは有名になりたいのですか？」と若者に聞かれたことがあった。

「はい。山﨑家で有名になりたいですね」とボクは答えた。

「親の名前は誰でもわかると思いますが、お祖父ちゃん、お祖母ちゃんの名前はわかりますか？」と聞いてみた。

ひいお祖父ちゃん、ひいお祖母ちゃんとなると誰も答えられない。3親等、さかのぼって名前が言える家系は「庄屋さんレベル」ではないかと、ボクは思っている。

なかなか、自分の家系にも名前を残すことは難しい。

もし、5親等以上となってくると「教科書に名が掲載されるレベル」と思っている。あなたという情報は、あなたの家系において、どこまで伝わっていくのだろうか。


戦争も終わって、時間が経過しすぎている。

体温を感じるレベルで知ることができる、ギリギリの状況になろうとしている。

敗戦した日本がどうやって、いまのように復興してきたのか？

どんな気持ちで、あの当時の日本人は頑張ったのか？

お父さんや、お祖父ちゃん、ひいお祖父ちゃんのお話だ。決して遠い昔の話ではない。

当時の日本人の心を支えたものは「ラジオ体操」だったとも言われている。


「新しい朝が来た。

希望の朝だ♪」

何もなくなってしまった日本人は、仲間と朝集まり、この歌とともにからだを動かした。過去100年のあいだに変化した分の変化を、これから10年ですると言われている。だからこそ、知る必要があるのだ。

必死に復興をしてくれた昔の日本人……もし彼らが幽霊になって出てきて、いまのボクたちを見たとき、どんな気持ちを抱くのだろうか？

成功へのアクセスコード

05

「歴史の壁」を解除するアクセスコードは、歴史を自分につなげてみることなんだ。

06

友達の壁

輪の外に出よう

みんな、横並びでご一緒したい。だから、飛び出していく人は歓迎されない。集団意識におけるホメオスタシスが働く。

「ホメオスタシス」とは恒常性《こうじょう》。恒《つね》に常《つね》の状態にいたいのだ。輪を崩したくはないと、みんなの潜在意識が思っている。

序列が存在し、パワーバランスが崩れないよう、お互いに結ばれ、あるときは威嚇《いかく》し、あるときは癒着《ゆちゃく》し、コミュニティの安定を図《はか》っている。

人間は関係性の動物だ。エネルギーの食物連鎖が目に見えない世界で行《おこな》われている。

外部刺激で誰かのエネルギーが下がれば、即座にクーデターが起き、下克上《げこくじょう》の世界になったりもする。

誰かが誰かを守り、誰かが誰かを下落させる。あるときは人道的に、あるときは残虐《ざんぎゃく》に力が働くものなのだ。

嫉妬心や、対抗心も上手に働くときもあれば、そうじゃないときもある。それが無意識レベルで機能しているところが厄介《やっかい》でもあり、人間の凄い能力でもある。

あなたの心の奥底にある「思い込み」が、いま周りにいる人たちを引き寄せている。

また、周りにいる人たちがあなたの「思い込み」を形成しているとも考えられる。

「思い込み」が書き換わると、あなたはそのクラスを卒業し、違うクラスへ編入することになる。出会いと別れが繰り返される理由は、ここにある。

人間の変化を遅くさせている大きな理由は執着心だ。

新しいものに知り合う勇気と、手放す勇気があって、成長する機会を手に入れる。

友達同士の輪の外に人生の醍醐味《だいごみ》があるならば、友達の壁を越えないとそれに触れることはできない。

リチャード・バックの『かもめのジョナサン』を、読んだことはあるだろうか？飛ぶことの好きなかもめが周りから馬鹿にされ、卑下《ひげ》されながらも飛行の探究に打ち込み、群れを追放される。離れたら離れたで孤独が待っていたのではなく、同じく飛ぶことを好むかもめたちに出会う。そこで飛ぶことを極めたかもめが元の群れに戻っていく。相変わらず漁師の撒き餌《まえ》を頼りに生きる仲間から笑われるのだが、その群れからも新たなる賛同者を得るという物語だったと記憶している。

人の心の癖をあぶり出す物語だ。

右上がりの安定した状況なら、コミュニティ全体が上昇するので、コミュニティに所属していること自体が有効的に機能するが、そうでない状況であるならば、その理論が成り立たない。

全体像を把握し、真に望むゴールはどこなのかを心に描き、そうなるための術《すべ》を探り、一歩踏み出す勇気を持ってほしい。

全体が個人に提供する価値あるものと、個人が求める価値あるものがずれているのが、いまの時代だ。常に自分自身の求めているものを再確認し、道に迷わぬよう心がけたい。


かつて、「確固たるつながり」を持つコミュニティが強い時代があったが、いまは「なだらかなつながり」を持つコミュニティが強いと評価される。

個を活かし、皆を活かす、新しい人と人のつながりが求められているが、人のココロの成長よりも組織の変革は常に遅れる。

さあ、時代の変わり目に、あなたは、どんな判断と選択をするのか?

これまた人生の醍醐味である。

成功へのアクセスコード

06

「友達の壁」を解除するアクセスコードは、輪からはずれても、また新しい輪があることを知ることなんだ。

第2章

外の世界に触れる瞬間

――新しい自分に挑戦する

07

お金の壁

価値はどう決まるのか

お金について、学校や家庭で積極的に教えてもらうことはなかなかない。知らないあいだに耳に入り、「きっと○○だろう」と認識したものがお金の価値観、意味づけとなっている。

「お金は汚いものだ」「お金は怖いものだ」と、負のイメージを親や近い人から植えつけられている人も多いのではないか？

ボクはお金自体、大人の通知表と思っている。

自分自身がさせていただいたことと、他人様からしてもらったこと。その足し引きで、させていただいたことが勝ったときに、エネルギーが結晶化し、お金というカタチで手元にやってくる。

「お月謝、月5000円で○○を始めたら?」

とお勧めしたときに、

「5000円もいただいていいのでしょうか?」

と言った人がいた。

大切なのは「どうしたら得だなって思ってもらえるだろう?」と考えること。

「何で5000円以上の価値を感じてもらえるだろう」という問いを自分に向けることが必要だ。


どんな価値あるものを提供できるか?

何で相手を喜ばせることができるのか?

それについて考える時間を持ってみよう。


「お金を私は手に入れることができない」という人は、「私はしてもらってばかりで、誰にも何かをしてあげることはできない。また、してあげたいとは思わない」と置き換えることができる。

最近はボランティアにしか興味がないという若者もいる。

「その前に納税ですよ」と彼らに伝える。

それ以前に、仕事自体、誰かの役に立たない限り、収益は上がらないものだ。

新しいビジネスを構築するということは、新しいサービスを提供するということになる。

ビジネス自体が、ボランティアの精神がない限り成り立たない、ということを知ってほしい。


もし、有り余るほどのお金を手に入れたらどうするか？

使っても、使っても、なくなることのない莫大《ばくだい》な額のお金を手に入れたらどうするか？

旅行に行って、服を買って、美味しいものを食べて、素敵な部屋に住んで、高価なものを手に入れて……それでも有り余っている。

何に使うのか？

どこかに寄付をするとか、誰かに投資するとか、友達の夢を叶える予算にするとか……。

そうなのだ。欲の向こうの向こうは、「誰かのための愛」しかない。

欲を怖がる必要はない。

欲を避けると愛を避けてしまうことになる。


お金は怖いものだと子どもの頃から教えられると、近づいたり、知ろうとすることも避けてしまう。


なぜお金は怖いものなのか？

お金は感情を増幅させる道具だと言われる。

寂しがり屋の人が大きなお金を手に入れると、もっと寂しがり屋になる。

嫉妬深い人はさらに嫉妬深く、幸せ体質の人はもっと幸せに、笑っている人はもっと笑う人生になる。

あなたの心に普段から彷徨《さまよ》っているのは、どんな感情か？

その感情が増幅される。

いたずらにお金だけを追いかけることはお勧めしない。

普段から「自分で自分の機嫌《きげん》を取り」、素敵な感情をニュートラルポジションとして持つ訓練をしたいものだ。

不機嫌は軽犯罪だ。あるときは不機嫌が重罪に匹敵するときもある。


お金が欲しい。

なぜ、お金が欲しいと思うのか？

「いま、お金に困っているから」が大前提にあるなら、それが実現しつづける。


お金は欲しがってはいけない。

なぜ、お金を欲しがってはいけないのか？

「お金は人を狂わせ、人生を狂わせるから」が大前提にあるなら、常にそれに相応《ふさわ》しいシーンを認識する。

お金はエネルギーである。

敏感にあなたの思いのエネルギーに反応して、引き寄せたり、離れていったりしてしまう。

お金を欲するより、日々自分を磨き、成長させ、誰かの役に立てる自分を創りあげることが先決だ。

成功へのアクセスコード

07

「お金の壁」を解除するアクセスコードは、
お金の本当の意味を知ることなんだ。

08

我の壁

他者を認識する

「me! me! me!」と節操《せっそう》なく「我《われ》が我がと我《が》を通す」。

そんな生き方は恥ずかしい。

そして、共感し、協力したいという人をなかなか獲得することができない。

どうしたら賛同者を手に入れ、皆が喜びとしてともに遂行《すいこう》し、達成していくような流れがつくれるのだろう?


人は何に集《つど》うのか?

人は欲に集うのではなく、志に集まる。

「夢」とは個人的な「欲」のことだ。

その欲に「公」を足すことで、夢は「志」に変わる。

「成功して家を建てたい」

という夢が、

「私が家を建てることで、『あぁ、がんばれば夢は叶うんだな』とみんなに伝えたい」

となると、個人的な「欲」が「志」に変わり、みんなのものになる。

「服が大好きだ！」

に公を加え、

「変身したい、可愛くなりたいって人を、服を通じてサポートしていきたい」

となると、たくさんの服があなた目がけて、集まってくるのだ。

あなたの夢をみんなの望みに変えていこう。


左脳は言語を操り、自分と他者を分離し、認識する。

右脳はイメージの世界。自分と他者の区別がなく、溶《と》けて、融合している世界。

いかに他者の幸せも自分事のように感じ、お互いの幸せをわかち合えるのか？

左脳は理論、右脳は感情。感情に働きかけ、感情が動き、それを欲するようにするには、どうしたらいいのか？

脳は主語を認識しない。

他動詞より、自動詞で語りかけるといいと言われる。

「〇〇しましょう」（他動詞）と投げかけるよりも、「〇〇する」（自動詞）と投げかけたほうが伝わりやすいのだ。

「京都に来ませんか？」とやるより、「そうだ、京都行こう！」とやったほうが人の心は京都に向かう。その言葉が自分の心の中の言葉として認識されるからだ。

また「我」は躊躇《ちゅうちょ》なく、やってくる現実に反射的に反応する。

日々の心がけが大切だ。

知らず識らず嫌悪《けんお》感を感じたり、とくに嫉妬心は禁物。

他人と自分を比べ、その人の幸運を羨《うらや》ましく思っても、何も得なことない。

人の好機を賞賛し、そこから学び、成功を祝うことで運気はタイミングよく、あなたのところへやってくる。

幸運がやってきても、奢《おご》ってはいけない。

悪運も幸運も長くは続かない。

謙虚な気持ちで幸運を招き入れ、少しでも長く滞在してもらえるように真面目に努力をつづける。

常に「自分」「我欲」「卑《いや》しい気持ち」と距離を置き、自分を客観視することは簡単なことではない。

ときとして浮ついた心に迷わされ、後悔をするのが人間なのだ。

その弱さや愚《おろ》かさも人間の可愛さでもあるが、そこから学ばなければ、ただの弱い存在となってしまう。


「ALL WIN」という言葉がある。

誰かに打ち勝って、手に入れるタイプの幸せではなく、皆が笑顔で幸せになって初めて本当の幸せが成立するのだ。
一つひとつの我欲を否定する必要はない。
欲の行く末は愛となる。

成功へのアクセスコード

08

「我の壁」を解除するアクセスコードは、自分の「欲」に「公」を足すことなんだ。

09

経験の壁

得意なことを限定しない

ある年齢になると、前を向いて生きていたボクたちは、後ろを向いて歩きはじめる。後ろ向きとは、ネガティブになりはじめるという意味ではなく、ポジティブに過去を参考にしはじめるのだ。

しくじらないように、しくじらないように。

過去を参考に、「これはやらないほうがいい。過去、痛い目に遭《あ》っている」とか、「これは選択可能。きっと、うまくいく。なにしろ過去、いい感じだった」とか、「これはやったことがないから却下《きゃっか》だ」という具合に。

「走るのは得意だ」

「それは食べられない」

「絵を描くのは大好きだ」

「歌うのは苦手だ」

「ギターを弾《ひ》くのは楽しい」

「文章を書くことは下手《へた》だ」

「司会は避けたい」

「あのタイプは嫌いだ」

……「これは得意」「これはダメだ」と過去を参考に線引きをする。

過去、うまくいったことは選択するが、ダメだったことや、やった経験がないことは積極的に排除《はいじょ》するのだ。

これらの経験値に基づいてやっていくことで、大きなしくじりはなくなる。が、これによって決定することがある。

それは「あなたの未来は過去である」ということ。過去やったことの焼き直し。

「現状維持のスケジュール」が発動する。これが発動してしまうと、新しい展開の芽は摘《つ》まれ、無難な人生が展開されていくのだ。

企業や組織では「前例がないからそれは無理だ」とよく耳にする。

前例がないので選択できないなら、創業当初は何で判断していたのか？

創業当初はなんでもやった。その分、しくじりも多かったが、業績が伸びたのもその時期だ。経験値が増してくると、過去を参考にやりはじめる。大きなしくじりはなくなるが、伸びも緩《ゆる》やかになり、S字を描くようになっていくのだ。

経験は素晴らしいが、自分の未来像に制限を与える。

ここでワクワクすることを、積極的に選んでみてはどうだろうか？

一度、ワクワクしないものを手放すことも大切かもしれない。

そして、ワクワクすることをやってみたが、「案外、そうでもないな〜」という経験も積んでほしい。すると、ワクワクしないことも積極的に選べる自分に遭遇できる。

気乗りしないが実験的にやってみたら、楽しくて仕方ないというケースも多々出てくる。

ダメだと思っていることに、じつは宝が発見できるかも？

やったことのないことに、じつは得意なことがあるかも？

思い込みほど、あてにならないものはない。というか、あなたの世界はすべて思い込みでできているのだ。


頭の中にできあがった、刷り込みのフォログラムの中で生きているんだ。

もう一度、確固たるものを疑う必要があると気づく。


「大体、見当はつくんだ。こんなもんさ」となったら気をつけよう。それを打破しよう。

あなたの目の前には、いままで出会ったことのない光り輝く人生が待っている。

その未来に、あなたは何という名前を与えるのか？

「ミラクルワンダーランド」

「スーパードリーム」

「未体験ドキドキワールド」

どんな名前でもいい。特別な名前を与えてみよう。

名前を与えた瞬間に、それにふさわしいできごとが起きはじめていくのだ。ボクは「ミラクルワンダーランド」という名前を与えた。


また、視覚の世界に工夫をしてみてほしい。

新しい目で、すべてを観る。見慣れたものをキョトンと、人生初のように見るのだ。それは目の前の風景に鮮度を与える。

鮮度は命であり、エネルギーであり、あなたの魔法でもある。

見慣れた部屋も、馴染《なじ》みの日用品も、慣れた仕事も、まるで初めてのように観る、取り扱う、眺《なが》める、触る、聴く……ミラクルワンダーランドの始まりなのだ。


「これは夢なんだ」と思ってみるのもいい。

あまりにもそのものにリアリティを与えすぎ、心の中ががんじがらめになっているのを解き放つことができる。

実験だと思って試してみよう。苦手な人が前にいて、あなたに話しかけている。

そこで「これは夢なんだ」と思ってみる。

フワッと現実感をなくし、嫌悪や緊張感もすべて自分が創り出していたものだと気づく。

そして新たに、ここから新しい現実を創り出していっていいのだ。


「どんな人生になれば最高なのか？」を考え、ミラクルワンダーランドに、それを加えてみよう。


「ミラクルワンダーランド with ドリーム」という「未来ゴッコ」を始めてみる。

人生は「ゴッコ」によって刷新《さっしん》される。

「ゴッコ」とは「鬼ゴッコ」の「ゴッコ」。

命名された未来は、あなたを導きはじめる。

不思議な偶然を使ったり、慣れ親しんだ友達の口を使ってアドバイスをしたり、わざわざ壁をつくって、あなたをそちらのほうへ行かさないようにしたりして、導くのだ。

目新しく見えていた世界に手垢《てあか》がつき、見慣れはじめたら、また新たなミラクルワンダーランドをスタートさせる。仕切り直しては新鮮な世界を生きつづける癖づけが、未来へのアクセスコードなのだ。

いままで続いていた人生を続ける必要はない。
本当に生きたい自分の人生を生きていいのだ。
最高のミラクルワンダーランドを体験してみよう。

成功へのアクセスコード

09

「経験の壁」を解除するアクセスコードは、
新鮮な世界を生きつづけることなんだ。

10 記憶の壁 アップデートしていく

「あ、〇〇君だね」と名前を呼ばれただけで、「名前を覚えてくれてたんだ。この人についていこう！」とやる気になったりする。

名前を覚えてくれた人がビッグネームだったら、なおさらだ。

日頃から、一人でも多くの名前を覚える努力をしたいものだ。

記憶術の達人に、「どうやったら簡単に名前を記憶できますか？」と聞いたら、「名前がいちばん記憶するのが難しい」との返答にガッカリしたことがある。

だからこそ、名前を覚えることは価値があるのだ。

名前は人生初の「呪《じゅ》（＝のろい）」とも言われている。

脳は、「驚いたとき」に、「セーブボタンが押された状態」になるという。

目の前の「当たり前」を「事件」に変えることで、記憶にとどめることができるのだ。

何を加えて、何を手放すことで事件にすることができるのだろうか？

それが忘れられない人生の物語を紡《つむ》ぐことができる方法と言える。

この一瞬に永遠を宿《やど》したり、この一瞬にすべての意味を解釈させてみたりすることで、事件の目撃者に、あなたはなるのだ。


人類初の膨大《ぼうだい》な情報と、膨大なコミュニケーションの中でボクたちは生きている。

記憶力のキャパを超える情報に圧倒される状況下では、工夫なしでは泳ぎ渡れないような気がする。

脳の外付けハードディスクとしてパソコンやモバイルを使うことで、足りない記憶のメモリーを補《おぎな》うようにすると、かなりの前進ができるのではと信じている。

メールのやり取りなどで、その人の重要なことや、意味あるできごとをアドレス帳のメモ欄に残すようにしている。

「お母様は退院されましたか?」と1行メールに加えるだけで、「覚えてくれている」と、その人は距離感を縮めてくれるのだ。

それにしてもボクは忘れっぽい。

映画を観ながらも、半分を過ぎてから、「あら? この映画、知ってる」と思い出したり、同じシーンで同じコメントをするらしい。まあ、忘れっぽいのだ。

友達から、「あのとき、○○だったね」と言われるが覚えていない。

忘れるのなら、そんな体験する必要はなかったのでは? と思うときもあるが、好奇心はそれを許さない。

なので、ブログを書きつづけている。人生のマーキングとして、書き残している。

あれほど、子どもの頃、夏休みの絵日記が書けなかったというのに、いまは綴《つづ》りつづけている。

すでに日課となり、写真を添付し、見ればありありと思い出すことができるよう、書きつづける。書くことで記憶を再編集でき、人生を整える作業になっているようだ。

人の話を聴くときも、メモを取りながら聞くと記憶の残り方が違う。

メモができないときは、モバイルで自分にメールを送るようにしている。

こんな経験はないだろうか？

素敵なお話を聞き、それを次に会った人に伝えてみるが、一向に同じ感じが伝わらない。

あんなに感動したのに、自分が話すとそれほどでもない話になってしまう。

感動の再現を上手にできない。

その理由はなんと言葉にあった。

その人が使った言葉をそのまま使わないと、同じ厚みで話が伝わらなかったりする。

また、その人が話した順番で話さないと重みが伝わらなかったりする。なのでメモを取りながら話を聞くことが大切となってくる。

計画や状況の把握も、紙の上でやるか、頭の中でやるかで、大きな違いが出てくる。

記憶の限界が実現の限界となり、想像の限界が可能性の限界となる。

キャパ以上の展開を望むなら、脳内だけでやるのではなく、脳の外に出してやっていきたい。

紙を用意し、気兼《きが》ねなく自分の気持ちやアイディアを吐露してみると、意外な展開が見え、その第一発見者として驚いたりするのである。

仕事仲間との連絡はアプリ、メールを使ってみんなでシェアし、記憶を随時アップデートすることで、作業効率をアップすることができる。

個人が発信源として存在するようになって久しいが、発信力をアップする方法はまだまだ確立されていない。

発信力には、「インパクトのある言葉」「わかりやすい文章」「心に引っかかるビジュアル」「心を動かせる何か」「忘れさせない工夫」が必要だ。

発信する媒体をどれにし、何と連動させ、どんなタイミングに発信し、レスポンスを随時、解析し、何を求められているのかを憶測する必要がある。

しかも、人の心は凄い速さで変化し、すでに知っているものには飽《あ》きて、次々に新しい刺激を求め動いている。

人生は記憶の編集によって成り立っている。

「やってしまった後悔はだんだん小さくなるけれど、やらなかった後悔はだんだん大きくなる」というのは林真理子さんの言葉である。

後悔なく、最高の思い出で溢れる人生は、トライアンドエラーで獲得ができる。

うまくいかなかったことに足を引っ張られることなく、前に進もう。

失敗から学び、成功に溺《おぼ》れないように前に進もう。

成功へのアクセスコード

10

「記憶の壁」を解除するアクセスコードは、
目の前の見慣れた現実を、事件に変えることなんだ。

11

想像力の壁

あなたの知識が夢をもたらす

最小単位は素粒子《そりゅうし》か、波動か？
量子力学の最先端の研究が話題となって久しい。
観察者の意図が加わり、観察者が波動だと思えば波動だと認識され、素粒子だと思えば素粒子だと認識される。要は観察者が意図することが結果となる。

ならば、あなたの人生の観察者は誰か？

自分自身の人生、自分の意図にアレンジを加えることが大切だと考える。想像の限界が可能性の限界とするならば、想像の絵柄に制限を加えない自分でありたいと思う。

夢は知識である。知らないことは望めない。ウユニ塩湖もシャトーブリアンも直島《なおしま》の美術館も、知ることで体験したくなるのだ。

未来のビジョンを構成する一個一個のピースを全世界からかき集め、自分自身をワクワクさせるのは自分へのリスペクトであり、大人としてのマナーだ。

錆《さ》びつきかけた感性のアンテナをピカピカに磨き上げ、敏感に、貪欲《どんよく》にビジョンをつくりあげていこう。

「中学校に鉛筆が刺さっている」をイメージしたとき、平凡な中学校、平凡な鉛筆をイメージする人もいる。

中学校、鉛筆という「ただの概念」でビジョンを構成するよりも、よりリアルに「ボクが行っていた中学」に「消しゴム付きの黄色い鉛筆」が刺さっている、と具体化したほうがいい。ちょうど宿直《しゅくちょく》の先生がいるあたりに鉛筆が刺さっていると想像すると、ビジョンの画素数が膨大にアップするのだ。

あなたの数ある夢の中で、「人に言えない夢」は何か？

心の奥に個人的に思い描く、禁断の夢は何か？


ある人はそれをタブー視《し》し、向き合うことを避けているかもしれない。

それを紙に書き出してみるのも面白い。

取扱注意なので実践するかどうかは皆様の自由だ。

ボクはその「人に言えない夢」の近くに、情熱の源泉が眠っているのではないか、と考える。

一度、掘り当ててしまったら、トクトクと溢れ、吹き出し、止めることのできない恐ろしいほどの埋蔵《まいぞう》量を誇る情熱が湧き出るのだ。


人が何かを欲するとき、そのものを欲しかったり、その場に行ってみたかったり、味わいたかったりするわけだが、本当はそれを獲得したときの感情を欲している。

肉体は摂取《せっしゅ》した食べ物で構成されているが、心は体験した感情で構成されている。

どんな感情をボクたちは欲しているのか？

どんな感情を体験したとき、楽しいな、幸せだなと認識できるのか？

その感情を想像するとき、ボクたちの心は躍《おど》る。


未来に意識の手をスーッと伸ばし、未来を想像してみよう。

体験するであろう感情を想像してみよう。

その感情で、いまの心を満たし、もうそれを体験したがごとく振る舞うことで、それに相応しい現実を引き寄せるという。

あなたの想像力をマックスに設定し、素敵な感情をコラージュし、惜しみなく、眩《まぶ》しくて見えないほどの未来を心に描いてみよう。

成功へのアクセスコード

11

「想像力の壁」を解除するアクセスコードは、
情熱の源泉を掘り当てることなんだ。

12

時代の流れに乗る

変化のスピードの壁

いま、凄い勢いで世の中が変化している。
人が車を運転する最後の時代であり、ロボットとの共存が始まった。
テレビ電話がほぼ無料となり、飛行機の値段も信じられない価格となってきている。
個人が発信源となり、大きな力を発揮している。
シャワーのように膨大な情報量に溺れている毎日。
宇宙も手が届きそうな存在になってきた。
あれもこれもが大変化の始まりだ。

その変化についていこうと思うなら、強力な好奇心と、柔軟な対応力が求められる。安価で人と連絡が取れたり、移動できたり、宿泊できたり、出会うことができたりと、ある意味、あなたの思い一つで仕事だって、大きな企画だってできてしまう時代なのだ。

だからこそ、好奇心や知らないものを知ろうとする爆発的な力が、あなたに求められる。

「これ知っていますか？」と聞かれたときに、「なに？　なに？」と知ろうと飛びつく力。

「その言葉なに？　初めて聞くんだけど」と新しい言葉に対する好奇心も重要だ。

ボクたちは言葉によって思考を進める。

新しい言葉は、思考に新しい影響を与える可能性があるのだ。


車が飛んだり、ロボットが助けてくれる生活、不老不死、医学の発展、通信手段、びっくりするほど速い乗り物と、昔観たテレビアニメのような新しい未来。

しかし、その反面、医療保険の破綻《はたん》、社会保障の崩壊、多国籍社会の行方、天災に対する恐怖、国際平和の未来等々、不安材料も多々ある。

もしもあのことが起きたら？　と、「もしも対策」がとても大切な時代になった。

いまある仕事の半分以上がなくなり、新しいテクノロジーによって、新しいサービスを提供する新しい仕事が生まれるのではないかと言われている。

なので、いま居る組織に依存しすぎるのはリスキーかもしれない。

あなた自身の魅力を磨き、興味の対象を深掘りし、膨大な情報から適切な情報を選択し、より有益な情報を提供できる自分になる必要がある。

雇用主との関係性も変わってくる。

外国から新たなる働き手がやってくる可能性もある。

一つの仕事がダメでも、これがあるという具合に、複数の仕事を始める人も増えてきた。

働くスタイルも、働く意味も、働くことに期待することもどんどん変わってきている。


いまの自分を続けていくと、どんな未来の自分に辿り着くのか?

どんな未来の自分を予想しているのか?

2~3年後の自分は、どんな自分なのか?

5年後、10年後の自分は?

そのとき、あなたは何歳になっているか？
あなたの大切な人たちは何歳になっているか？
あなた自身も変化するが、時代も変化していく。
求められるリーダー像も、人材も大きく変わっていく。
変化の流れに敏感であることで、大きな波に乗ることもできるのだ。

成功へのアクセスコード

12

「変化のスピードの壁」を解除するアクセスコードは、
強力な好奇心と、柔軟な対応力を持つことなんだ。

第３章

成功者は、うまくいく理由を持っている

――未来を切り開くカギ

13

環境の壁

出会う人で人生は変わる

大きな魚を水槽に入れると、急にそのほかの魚が大きくなる。

大きな魚の餌となってしまわないように、心を突き動かされ、大きくなる。

魚にとって大きくなることは努力なのか？

それは努力というより、自己防衛本能だ。

本能は努力を瞬時に凌駕《りょうが》する。それは人間も同じ。

自分をどんな環境に置くか？　それを意図的にやることで、人生は大きく変化する。

「自分は○○さんより下で、○○さんより上……この辺が私の立ち位置だ」と無意識が勝手に働く。

この住み慣れた、居心地がいい環境を抜け出して、新しい環境に自分の身を置いてみよう。

これは面白い実験だ。

ドキドキする環境に飛び込む。素晴らしい人たちに囲まれ、緊張し、居心地の悪い環境に飛び込むと、顕著《けんちょ》に結果が出はじめる。

「私なんかがお邪魔していいのでしょうか?」と謙虚に生きることも大切。

しかし、謙虚さだけでは新しい人生の展開は生まれてこない。

「エイッ!」と勇気を振りしぼり、素晴らしい環境に自分を置いてみる。

素晴らしい人と握手したり、ハグしたり、3メートル圏内に入るとオーラをもらい受けられるという。いまノッてる人、ついている人、人が集まる場所、人気のお店、ヒット商品、うまくいっている会社……。それらに行ってみる、会ってみる、買ってみることで運気をもらい受けよう。

「行くと長くなるよね?」「疲れるんだよね〜」と、心が素敵な環境に慣れてしまうと、怠《たい》惰《だ》な自分が出てくる。それでは新しい成長は生まれない。

心の設定が「大体わかった！」となっている。それは「わかった」のではなく、「新たな魅力」を、あなたが発見できなくなっているのだ。

感性にとって鮮度は生命線だ。

自分の鮮度を保ったり、アップさせるためにはメンテナンスが重要になる。


あなたがいま、数多く会っている人は誰か？

よく会っている人トップ10のリストをつくってみよう。

あなたの人生は、その10名の平均的なものとなる。

では、あなたが理想とする人生を、平均値として感じさせる10名は誰なのか？

会う回数が多い人が、あなたの人生を握っている。

成功へのアクセスコード

13

「環境の壁」を解除するアクセスコードは、いまの環境に縛られず、新たなる環境に自分自身を置くことなんだ。

14

才能に制限をかけない

能力の壁

「できることを、さらに伸ばして、またできることを数多く」

子どもの頃から、そう鍛えられてきた。

できる、できないは、パズルでいうところの凸《でこ》と凹《ぼこ》に例《たと》えることができる。

得意なことは凸、苦手なことは凹。

じつは多くのことや、大きなことを叶える人は、この凹をたくさん持っている人なのだ。

凹は人の凸を活かす才能。凸も凹と出会って初めて力を発揮する。

人生は短所を改良しているほど長くはない。

自分の長所をさらに進展させ、苦手は、そのことを得意にする人に任せればいい。

5人組の戦隊もの、「〇〇レンジャー」がいい例だ。

個性的な偏《かたよ》った才能を持つ5人組。5人集まると、各々がパーフェクトに見えるが、じつはかなりの偏りがある。

得意以外はすべて苦手、しかし、集まるとパーフェクトなのだ。

「どうすると大きな組織になるのでしょうか?」

と、スーパーリーダーに聞いたことがある。

「意識すること」とだけ答えが返ってきた。

「意識するとは?」と質問すると、「そうしようとすること」と返ってきた。

「そうしようとして、そうならないので質問しています」と言うと、「意識すること」とまた返ってきた。

「意識すること。そうしようとすること。意識すること」と何度も口の中で唱《とな》えていてわかったのは、「もっとそうしようとすること」「いまの思いの濃さでは、それは具現しない」ということだった。

「私は何が得意かわからない」という人もいる。

得意すぎて、努力感がなく、こんなことは評価に値しない、誰だってできるからと判断し、自分の才能に気づいていない場合がある。

よく人から「凄いね」と評価されることは何か？

一度、それをリスト化し、洗い出してみるのもいいだろう。

「そんなに凄いことじゃないんですが、私は○○をするのが大好きなんです」というものを片っ端から書き出すと、見逃していた宝物を見つけることになるかもしれない。


ほかのアプローチもある。

子どもの頃、一心不乱に時間を費やしていたのは何か？

お金を払ってでも人にやってあげたいことは何か？

何をやっているとき、時間を忘れるほど没頭《ぼっとう》できるか？

「なんでこうやって書かないんだろう」と、気になる人は書く人だ。

「どうしてこう描いちゃったんだろう」と、気になる人は描く人だ。

「なんでこれ薄味にしたんだろう、私だったら……」と、考える人は料理の人だ。あなたの才能は反射的に動き出すのである。

また、一つのことに1万時間、時間を投下すると、その道のプロになれるという。「1万時間の法則」と呼ばれている。

没頭でき、1万時間も投下したいものは間違いなく天職だ。

トライアンドエラーで自分の才能を磨きあげることで、「仕事」を超えて「志事」となる。

成功へのアクセスコード

14

「能力の壁」を解除するアクセスコードは、自分の苦手は、他者の得意を活かす才能だと知ることなんだ。

15

言語の壁

思考を増やす

ユダヤ人と仕事をする友達に、彼らがビジネスで成功する秘密は何かと聞いたら、「言語」と返ってきた。

彼の部下のユダヤ人は、最低でも6ヶ国語を話すのだという。

それをひけらかすことなく、標準装備的に彼らは持っていると友達は言った。

ある投資家は、「子どもに残せるのは金ではなく言語だ」と言い切った。

聖書にも、「はじめに言葉ありき」と書いてある。

言語の持つ力は、ボクたちが想像するものより大きいのではないかと感じる。

その国の言葉が話せるということは、その国へのアクセスコードであり、そのワールドでの言葉が話せるということは、言語自体が、そのワールドへのアクセスコードとなる。


ボクたちは言語により思考を進める。

言葉によって思い、考えているのだ。

言葉を使わずに考えるのは、とても困難だ。

「ラララ♪」で試してみよう。思考は進まない。


また、話している言葉によって、アイデンティティが変化する。

日本語を話しているあなたと、英語を話しているあなた、標準語と関西弁、選ぶ言葉で思考が変わる。

また、誰と話すかによっても違う。お母さんと話すときに使う言葉と、上司と話すとき、恋人と話す言葉……その使う言葉があなたのアイデンティティを決定させ、役割や性格、気質やポジションにも影響を与える。

気の合う友達ができると、また会いたくてしかたないもの。

会えば会うほど、その人の口調が移ったり、使う言葉が似てくる。

こうやって、出会う人によって人格に影響を受けているのだ。

口癖が移ると、思考に影響を受け、判断が変わるから、選択が違ってくる。

結果として人生が動きはじめるのだ。

どんなところに出かけ、どんな人に会い、どんな影響を受けたら面白い人生になるだろうか？


ボクは15歳から一人暮らしを始めた。そのころからひたすら言葉を集めてきた。

世には素晴らしい言葉が溢れている。

自分をやる気にさせてくれる言葉、優しくさせてくれる言葉、癒やしてくれる言葉、本気のボタンを押してくれる言葉、心を開いてくれる言葉、元気にさせてくれる言葉……いい言葉には妖精《ようせい》が棲《す》んでいる。

いい言葉に出会うと、部屋の壁に貼った大きな紙に書き加えていった。

当時、陸上競技と受験に挑《いど》み、集めた言葉で心を支えていこうと工夫していたのだ。

いい言葉を集め、集めつづけると、ある日、口からそれらが噴《ふ》き出す。マーライオンのように噴き出しはじめるようになると、「最近、言うこと変わったね」と友達に評価される。

照れくさく感じ、「いやいや、先日聞いた話の受け売りだよ」と弁解していたが、使っている言葉に手垢がつく頃には自分の言葉となって、腹落ちしていくのだ。

余談だが、女の子にモテたいと、モテる言葉を集めたこともある。モテる言葉は「少年ジャンプ」には載ってはなく、「別冊マーガレット」に載っているのだ。6年間定期購読し、言葉を抜き出し、ノートにまとめていたことがある（笑）。

伝えるうえで「相手に誤解させない」配慮が大切で、人を「卑下しない」「上から話さない」等のセンスが賛同者を募《つの》ることができるか、できないかの分岐点になっている。

新しい言葉を学ぶことは、新しい自分と出会うことでもある。

素敵な言葉を集めることは、素敵な自分と出会うことでもある。
いまから集めはじめてみないか？
確実に自分が変わりはじめる。
始めてしまえば止まることができない。

成功へのアクセスコード

15

「言語の壁」を解除するアクセスコードは、
新しい言葉を学んで、新しい自分と出会うことなんだ。

16 時間を管理する

誘惑の壁

「壁」とは、進もうとするが、進めなくさせるものを言うが、「誘惑の壁」とは、人をズルズルと底なし沼のように引き込み、本来進むべき方向へ行かせないトラップのような壁を言う。心の弱いところに忍び込み、快を粧《よそお》う謎の闇だ。

テレビ、インターネットも、あなたの時間を浪費させる謎の闇だ。ゲーム、酒、異性、ジャンクフードも、その中の一つと考えることができる。あるときは仕事や趣味も、その性質を帯びるときがある。スルッと心に忍び込み、一旦捕らえたら離さない。そして離れない。逆に、人生の楽しみの一つとも考えることができるが、油断は大敵。

なので、いい距離感、大人の距離感でつき合いたいものだ。

スケジュール管理は、目標と現状のギャップを認識し、それをどう埋《う》めていくのかを思考し、ギャップを埋める効果的な「やるべきこと＝（to do）」をリスト化し、それを上手にスケジュール帳に落とし込むことが大切。

どんな人生にしたいのか？

そこから始まる壮大な人生のプロジェクトを、年間ベースで達成目標をつくり、月間目標に落とし込む。

その月間のスケジュールをただ眺めるだけではなく、物語化し、流れを感じてみる。

「この辺りで自分への刺激がないとヘコタレそうだな」と感知したなら、「刺激を受ける機会」をスケジュール帳に入れる。

「この辺りでみんなの気持ちを一つにするべきだな」と感知したなら、皆を集め、「気持ちが一つになる機会」をスケジュール帳に。

「この辺りで自分自身が疲弊しそうだな」となれば、そうなる前に「積極的休養」を自分に与えることだ。

気づくと仕事ばかりとか、友達との予定を優先してばかりだと、誰の人生かわからなくなってしまう。

要はバランスが大切。そして何と何のバランスをとるべきなのか再認識する。

あなたは誰なのか？

仕事人としての自分もあれば、家族の中の自分でもあり、彼氏彼女でもある。
趣味のコミュニティもあれば、学生時代の仲間とのつき合いもある。
それら一つひとつのジャンルでの、「やるべきこと」と「やりたいこと（＝誘惑）」のバランスを考えてみるといいのかもしれない。
この「誘惑」という厄介者は、上手に使うことで自分を効果的に動かすことができる。

やるべきことがあるが、それを頑張れない。そんなときに、これをすることで、その先に自分が求める「誘惑」があるのだとストーリーづけてやると、誘惑をパワーにして自分自身を動かすことができる。


「部屋を片づけなければいけないが、やりたくない」と立ち止まってしまった。

「部屋を片づけることで、どんな誘惑に出会うことができるのか？」を思考してみよう。

「部屋を片づける」ことで「すっきりした気持ち」を手に入れることができる。

「すっきりした気持ち」を手に入れることで、「運気が上がる」を手に入れる。

そのことで「女子にモテる」となると、部屋掃除が誘惑に直結し、やりたいことと変質するのだ。


誘惑の壁と出会ったときは、その「誘惑の対象」を分析するチャンスでもある。

「なぜ、そのことにそれほど惹《ひ》かれるのか？」

「それを獲得することで、どんな気分を手に入れることができるのか？」

「なぜ、そのことをすることで自分はそれほど高揚するのか?」と分析を進めていくと、自分自身の意識構造の解明ともなる。

「なぜ、そこまで絵を描くことを欲するのか?」と自分に問い質《ただ》す。

「無我夢中の心の状態になることを欲している」と突きとめたなら、「その気持ちを、この仕事で体験するにはどうしたらいいのか?」という問いに替えることで、「誘惑」を巧妙に使ったことになる。

成功へのアクセスコード

16

「誘惑の壁」を解除するアクセスコードは、誘惑の対象を分析して、自分自身の意識構造を解明していくことなんだ。

17

体力の壁

年齢に抵抗する

「30歳になると、どれぐらいの体力になりますか？」と20代の頃、常に聞いていた。

体力と行動力、体力と体験値とは、密接な関係があると予感していた。

40歳になると、50歳になると、60歳になると……どれぐらいの体力になるのか。

体力が下がると気力が下がる。

10年後も20年後も、いまと同じ体力があると思って夢の設計をしている人を見かけるが、そうはさせてくれないのが現実だ。

からだのメンテナンス、ケアは人生の計画に大きく関わっている。

年齢はからだだけではなく、心にも大きく影響を与える。

「私は○歳だから、それはできない」と世の中のテンプレート通りに考えてしまい、新しい発想や新しい行動を邪魔したりする。

「年齢の概念」に想像の広がりを阻止されないように工夫することが、ある一定以上の大人には必要だ。

加齢とともに体験値が増し、心の中に、物事に対する方程式や憶測値が刻み込まれる。それが仕事の勘や、物事に対する予知となったりし、リスク管理や効率予測となる。

しかし、それ自体が未来を狭めているケースも多々あるので、いかに体験したことから学び、生きる糧《かて》とするが、サクッと忘れることができるのかが重要になってくる。

「10年前、何歳だった?」

年齢から10を引くだけで、誰でもできることだ。

「そのとき、何をしていた?」と聞かれ、当時の自分を思い出した。

「そのときから、いままで短かった? 長かった?」と。

「ドキッ」とした。

「あと何クール？　あと何クールで、人生が終わる？」と友達に聞かれ、ボクはびっくりした。

人生は長いようで短い。

「死は、概念として語ると美しいが、現実のものとしてとらえると、ただただ怖いばかりだ」という言葉を思い出す。


どんな人生にしたいのか？

本当はどんな生き方を欲しているのか？


「自分が死に直面する状況を想像することは、私がこれまで人生を左右する大きな選択を迫られたときにはいつも、決断を下す最も大きな手掛かりとなってくれました。ほとんどすべての物事は、外からの期待のすべてや、自分のプライドのすべて、屈辱や挫折に対する恐怖のすべて……。こういったものは私たちが死に直面すれば、すべて吹き飛んでいくようなものだからです。そしてあとに残されるものが、本当に大事なことなのです。

自分はいつか死ぬということを思うことは、自分が何か失ってしまうんじゃないかという思考の落とし穴を回避できる最善の防御策です。

皆さんに失うものは何もないのです。自分の心の赴《おもむ》くまま生きてはならない理由など一つもないのです」

これはスティーブ・ジョブズが、2005年にスタンフォード大学での学位授与式で卒業生に贈ったスピーチの一部だ。がんを宣告されていた彼の、魂から出た言葉と言ってもいいだろう。

いつか必ず自分は死んでいく。

その日まで生きていくために、あなたは何をする。

成功へのアクセスコード

17

「体力の壁」を解除するアクセスコードは、

死を思うことにより、生きるとは何かを知ることなんだ。

18

健康の壁

からだを整える

あなたは、からだづくりをしているか？

地方の人はとくに、歩くことが大切だ。

車社会なので家の前から車に乗り、スーパーもいちばん入り口に近い駐車スペースを探してグルグル、グルグル。

案外、都会の人は歩いている。

東京に遊びに来ると、足がパンパンにならないか？

知らないあいだに歩かされてしまうのだ。

車で生活している人は、少し遠いところに車をとめて、わざわざ歩く機会をつくる工夫が必要だ。

また、炭水化物とのつき合い方も考えてほしい。

繊維質をしっかり摂《と》ってから炭水化物を摂ることで、高速糖化にブレーキをかけよう。

「三角食べ」の時代は終わり、いまは「懐石《かいせき》食べ」だ。

野菜等により繊維質を先に摂り、最後の最後に炭水化物なのだ。

高速に糖化し、インスリンがいたずらに分泌《ぶんぴつ》。上がったり下がったりを繰り返し、仕組みが壊れると、糖尿病になる。

糖尿病は口養生《くちようじょう》となる。口養生ほどつらいものない。

見渡してみてほしい。気がつくと、自分の身のまわりが「炭水化物祭り」になっている。

常にリスクがある環境にいることに気づいてほしい。


ダイエットは、断食だと思っていないか？

エステする人はエステティシャンと呼ばれるが、栄養士はダイエティシャンと呼ばれる。

ダイエットというのは「栄養を整える」という意味。

摂りすぎている栄養素の摂取を抑え、足りない栄養素を足し、整えることで体型を元の美しい状態に戻すということだ。

昔に比べ野菜が痩せているので、ビタミン、ミネラルを食事から摂るのは簡単ではない。食べる量を増すことで補おうとすると、摂りすぎている炭水化物や脂質をさらに摂りすぎてしまうリスクがあるからだ。

タンパク質も足りていない。プロテイン（タンパク質）の語源はギリシャ語の「プロティオス」で、「いちばん大切なもの」という意味である。

命に対して、いちばん大切なものなので、プロテイン不足になると命に対して遠いところからサボりはじめる。

枝毛が原因で死ぬ人はいない。

髪が傷んだり、爪が割れたり、肌が荒れるのは、プロテイン不足のお知らせと考えることもできる。

加工食品が多くなり、繊維質も足りていない。

脂質が多いことはすでに書いたが、食す脂にもこだわりたい。

レベルの高いサプリメントを用いて、調整するのが結局、いちばん安全でローコストと、いまは考えられている。お金をかけて太ったのだから、お金をかけて、からだを整えていこう。


体質とは「からだ」の「質」だ。体質を改善するには「からだ」をつくっているものの質を上げることで実現することができる。

「からだ」は「飲む水」「吸う空気」「食べているもの」によって構成されているので、それらの「水」「空気」「食物」の質を上げることが求められる。

また、からだを温める、冷えを取ることで万病から距離を置くことができる、といわれる。

湯船にちゃんと浸《つか》かっているか？

汗がワ～ッと出るまで、時間をかけた入浴をしているか？

忙しさにかまけてシャワーだけですませていないか？

体温は本来、37度が人間の基本だったようだ。

「私、低体温なの～」と少し自慢げに話す人を見かけるが、35度台はガン細胞が大好物とする体温なのだ。冷やさない。冷えを取り、温める。健康は命より大切だ。

成功へのアクセスコード

18

「健康の壁」を解除するアクセスコードは、
しっかり歩き、水・空気・食物の質を上げることなんだ。

第４章

壁は怖れないで、面白がるのがいい

――自分にＯＫを出して前に進む

19

人間関係の壁

乗り越えて、つながる

「この人、いい感じの人だな～」と思っても、なかなか声がかけられない。

「もしかしたら、この出会いが大きな喜びにつながるかも」と予感しても、恥ずかしかったり、尻込みしてしまったり、なかなか勇気が持てるものではない。

そんなときボクは、「恥ずかしいのは30秒だけ」と自分に言い聞かせ、声をかけるようにしている。

「お名刺、お渡ししていいでしょうか？」と切り出すのには勇気がいる。

恥ずかしいのは30秒。

たまたま入ったお店の店員さん、パーティーで見かけた魅力的な人、セミナー等で同席する異業種の人、懇親会で素晴らしいオーラを放つ人……次に素敵な人に出会ったら声をかけてみないか？

心に浮かぶ恐怖……「人の壁」、乗り越えてみないか？

魔法の言葉は、「恥ずかしいのは30秒」。

声をかけて、勇気を持って自分をアピールするのもいいだろう。

「何をされている方なんですか？」と相手にスポットを当て、いろいろ聴き出してみるのも一つの方法だ。

またパーティーなどでは、知り合いたい人に、先ほど知り合った素敵な人を引き合わせる「ハブ的存在」として自分の位置をつくる方法もある。

昔と比べて、本当に人と知り合いやすくなっている。

個人個人が電話を持っているし、ＳＮＳによって円滑《えんかつ》に連絡が取れる、簡単に知り合える時代となってきた。それなのに、人と人のつながりは弱くなって、昔よりも孤独感を抱いている人が多いように感じる。

人の価値観が細分化し、「まったく同じ」とはならず、そこに違和感を持つのではないのだろうか？

なので、確固たる関係より、なだらかな関係が、じつは強い関係と言われる。

その違和感に対応するには、たくさんのコミュニティに属することが良策となる。

自分のこの価値観で、このコミュニティに接する。

異なる価値観は違うコミュニティで、という具合で、自分の多様な価値観を、多様なコミュニティにより満足させる方法だ。

よりよい関係を築くには、人とどう接するといいのか。

この問いは人間の歴史と同じだけの長さ、この世に問いつづけられてきたと思われる。

実際、素敵な人間関係を瞬時に築き上げ、それを永遠のごとく展開している人たちを研究すると、いくつかのヒントが見えてくる。

「お名前、漢字でどう書くんですか？」「どちらご出身ですか？」「お仕事、どんなことをされているのですか？」と相手に興味を持ち、また興味を持った目をして聞く人たちが成功者には多いと思われる。

自分が話しているときはキラキラしているが、聞き役になると途端に目の光が消えてしまう人がいる。とても残念な癖だと思うが、心がけにより矯正《きょうせい》できるものと信じている。まず、自分をチェックしてみてほしい。

また、質問も掘り下げる癖づけをし、相手が「アパレル関係です」と答えたなら、具体的に、「アパレルの何をされているんですか？」と、もう何階層か掘り下げることが大切だ。その人を通して世界を学ぶこともできるし、その人も自分に興味を持たれることで喜びにつながる。

ただし、プライベートにドカドカと踏み込むことはタブーなので、バランスのよい質問を心がけてほしい。

「ご出身は？」と聞いて「愛知です」と返ってきたなら、「愛知のどちらですか？」「何が有名ですか？」「何が名産ですか？」と相手のペースに合わせて聴き進めると、「ここだ！」という深掘りポイントが見つかる。それを深く掘り下げることで強い人間関係を構築することができるのだ。


「ご出身はどちらですか？」「どんなご両親に育てられたのですか？」と、有名なコンサルタントの方が必ず尋ねると聞いたことがある。

何層かに深掘りし、質問を重ね、最終的には、「そんな素晴らしい場所で生まれたあなた様は、さぞかし素晴らしいお仕事をすることができますね」「そんな素晴らしいご両親に育てられたあなた様は、さぞかし素晴らしい人生を歩まれますね」とお話を結ぶと聞いた。

本当に素晴らしいコミュニケーション術だと思う。

誰にでもすぐに実践できる「愛の技術」だ。


人間関係の長期にわたる構築は、やはり「マメさ」によって保たれるものと思う。

数が多くなれば、難易度は増していくが、集まる場に、お祝いの場に、イベントに、少しでも顔を出すということが大切だと思う。

出席できないときも、贈り物を届ける等、小さな気配りができている人は大きな人脈を持つこととなる。

できないことはできないので、「できることをやる」をちゃんと遂行してみる。そんな日々の努力の積み重ねは、より素敵な未来に連れていってくれる。

成功は「おつき合い」の延長線上にある、と20歳のときに尊敬する人に教えられ、いまもそのことを学びつづける日々だ。

成功へのアクセスコード

19

「人間関係の壁」を解除するアクセスコードは、「できることをやる」日々の努力を積み重ねていくことなんだ。

20 年齢の壁

ギャップに怯《ひる》まない

「年上の人と話すのが苦手なんです」
「偉い人と話すのが苦手なんです。拓巳さんはどうしていますか?」
と最近、若い人たちから質問を受ける。

「年上、そして偉い人の壁」だ。

ボクは20歳から自分で仕事をやってきたので、年上の方と話す機会が多く、見様見真似で自分の法則をつくり出してきた。年上の方、偉い方と話すときには、次の2つの質問をするようにした。

「いま○○歳なのですが、ボクの年齢のときに○○さんはどうされていましたか？」

「目の前にボクと同じ年のご自分がいらしたら、何をアドバイスされますか？」

「私たちの時代と君たちの時代は全然違いますよ……」

と前置きされ、どれほどその時代、日本が厳しく、たくさんの努力が必要だったかという苦労話をされる。

そして、いまの時代の若者に対する「甘い！」「目覚めよ！」「格好ばかりつけてないで力をつけよ！」などの苦言をいただく。

その苦言をただの苦言とせず、真っ直ぐに受けとめ、メモなどを取りながら、ありえない吸収力でグイグイと自分のものにしていく。

きっとその方も、同じ話を人生で何度もされてきたことだと思う。

その話を今後の人生で誰かにしたときに、

「君のように真っ直ぐ受けとめ、学びとった人はいないよ」

と思われることが大切だ。

年上の方や偉い方に薄っぺらい知識をひけらかしても、何もよいことなどない。

それよりは、学ぶ姿勢や知ろうとする好奇心をもって接することが大切だと思う。


「年上の方と仕事をするときに気をつけることは何でしょうか？」とも聞かれる。

同じ質問をボクも若かりし頃にした。

そのときにいただいた答えをヒントに、いままでやってきた。


それは「優秀な秘書として立ちまわるといいよ」という助言だった。

「〇〇さん、何か私のほうでお手伝いはできないでしょうか？」

「そうだなぁ、何をやってもらおうかな」

「〇〇などはどうでしょうか？」

「お！　いいね！　いいね！」

「では、私のほうでこれはやりますので、○○さんのほうであれをお願いします」

「お！　わかった！」

という具合だ。


「年下の壁」というのもある。

若い人たちと、どうコミュニケートしたらいいかわからない。もしくは自分が正しいコミュニケーションと思っていることが大きく間違っていることがある。

「え？　いくつ？　わ〜、それは若いわ！」と、ついつい言ってしまう年配の方々を見ると、胸が痛くなる。

よくよく思い出してみると、自分たちも若いとき、そう言われて心を閉ざした思い出があるはずなのに、ついつい忘れてやってしまうのだ。

今日から努力してほしい。

「若いねぇ」を絶対に言わない、と心に決めよう。

気づくと、あなたの周りに集まる人が変わってくる。

「お！　21歳ね。休みの日は何をやっている？」

「最近、感動したことって何？」

などなど、普通に会話ができるといい。


コミュニケーション、人と人の情報交換から成り立つ信頼関係。

強い信頼関係を「ラポール」という。


愛の反対は何だと思う？　と友達に聞かれた。

戸惑《とまど》っていると彼が、

「マザー・テレサは愛の反対は無関心だと言っているんだ」

と教えてくれた。


そのとき、脳がスパークした。

愛の反対が無関心なら、無関心の反対が愛だ。
無関心の反対は「関心を持つ」「関心を寄せる」だ。
愛は相手に関心を持つことなんだ。
これなら、いますぐここで愛を具現できると思った。
コミュニケーションのアクセスコードは、「関心」だったのだ。

成功へのアクセスコード

20

「年齢の壁」を解除するアクセスコードは、
相手に関心を持つことなんだ。

21

β波の壁

自分と向き合う

イライラする意識を落ち着いた意識に切り替える方法として、呼吸を使っている。長く息を吐けば吐くほど（20秒ぐらい）、セロトニンが分泌されるようだ。セロトニンは「幸せ物質」とも呼ばれている。

生活習慣と分泌物の関係に詳しくなり、それを生活に活かすと、β波の壁を越え、α波やθ波を意図的に引き寄せられるようになる。

睡眠の質をアップさせ、朝型生活で、軽い運動を好み、身近な人との穏《おだ》やかなコミュニケーションを持つことで、セロトニンだけではなく、幸せ感を深めるメラトニンやオキシトシンなども分泌される。

いかに自分の心と上手につき合うのかは、人生の最大のテーマだ。

順番待ちの時間や、インターネット上で数秒間見ないといけないCMのあいだとか、マシーンが準備されるまでの待機時間、興味をそそられないが滞在しないといけない、そんなときに長い呼吸を意識して、筋肉を弛緩《しかん》させ、心の中の居住スペースを広げ、ざわついた心を一度、静かにしてあげる。


なにしろボクたちがさらされている情報のシャワーは、あまりにも膨大な量なのだ。

一つひとつは有益でも、これだけ多いとノイズになってしまう。

それによって奪われたものは「自分と向き合う時間」だ。

孤独を感じた時間、退屈を感じた時間、何もすることが「物理的にない時間」、それらと対面したら、すかさず長い呼吸に切り替えて、有益な時間に変えてみよう。


心の芯がゆるむ情報はとても大切だ。

瞑想《めいそう》をしてみる。仕事中に瞑想によいといわれている音楽を流してみる。

マッサージに出かける。

ボクはマッサージを受けることは仕事だと思っている。

それにより幸せ感を得て、仕事効率がアップするのだから、贅沢《ぜいたく》ではなく、やるべきことの一つだ。

旅に出るのも大切だ。

非日常に自分を置いて、ただ単純に時間を楽しんだり、日常の自分を客観視したり。気心の知れた仲間との談笑や、家族との時間も心に幸せをもたらしてくれる。

成功へのアクセスコード

21

「β波の壁」を解除するアクセスコードは、
心の芯をゆるませることなんだ。

22 わかった！の壁
先に進む

人生の折り返し地点は何歳か？　という問いをいただいた。

いま平均寿命は80歳から85歳といわれるから、人生の折り返し地点は40歳過ぎなのかと思っていた。

しかし、こんな学説があるという。

人生の折り返し地点は10歳だと。


たしかに、小学校低学年の頃の夏休みなどは本当に長く感じた。

蟬《せみ》を取りに行き、海で魚を追いかけ、キャッチボールをして、漫画を読んでも、一日は終わらなかった。

でも、大人になるとどうだろう。

ボォッ〜としていると、季節が二つほど過ぎ去っている。

いまから暑くなるのか、寒くなるのか、少し考えないとわからなくなったりもする。「あと少しでクリスマス。年末ですね。もう今年も終わりますね」と言いながら、「このセリフはこの前言ったばかりだな」と思う。


なんで、あの頃は時間がゆっくりだったんだろう？

一日はきっちりと長く、一年はしっかりした手応えを感じるヴォリュームがあった。

その理由は、目にするもの手に触れるもの、匂いも触感も音の響きも、真新しく心に飛び込んできていたから。初めての出会い、初めての体験ばかりだったから。すべては何もかも知らないことだらけ、新しいことだらけだったからだ。

10歳を過ぎると、「もう大体、わかった！」となり、衝撃的な感動をともなわなくなってしまう。

「〇〇に似てる」

「これって、あのパターン？」

「知ってる！　知ってる！」

と感性は小躍りを忘れ、鈍感になる。

これが「わかった！の壁」なのだ。


こうなってしまうと、スルスルスルと時間が滑《すべ》るように進んでいく。

もう自動ドアで2時間、遊べない。

雲を眺めて、「あれは馬だ！」「これは雪だるまだ！」と興奮して語ることもない。海に石ころを投げて何段ジャンプしたかを、真っ暗になるまで続けることもない。

「わかった！の壁」は冷めた大人の心をつくり出す。


初めて行く場所は、「合ってるの？　道、間違えてない？」とヒヤヒヤ。とても時間が経過したように感じる。

「行きは時間がかかったけど、帰りは早かったね」と言うけれど、時計を見てみると同じ時間が経過していたり。初めての体験は時間がゆっくり進んでいるような感覚になる。

また、事故を経験したことがある人は知っていると思うが、車がぶつかる瞬間は完璧にスローモーションだ。

なにしろ事故の経験はそんなにないから、心は敏感に反応する。

初めての体験は、「時間を止める！」と考えることができる。

みんな、長生きがしたい。長く生きるのも大切だけど、時間の進むスピードを遅くすると人生を長く感じることができる。

「初めて体験」を積極的に行っていくと、体感的に長い人生を体験できるのだ。

成功へのアクセスコード

22

「わかった！の壁」を解除するアクセスコードは、

「初めて体験」を積極的に行っていくということなんだ。

23

一歩が出ない壁

ダメなら諦めればいい

人生は一度きりだ。いろんなことをやってみたい。なのに一歩が出ない。

なぜだろう⁉

始めるのが苦手な人は、じつは、やめるのがヘタな人だとボクは思っている。始めても続けられるのかなと思うと、始められない。

やめるのが上手な人は、始めるのも上手だ。

「やってみないとわからない。やってみてダメだったらやめればいい」とサクッと物事を始める。

最後までやり遂げると決めない。

わざわざ時間をつくらない。

条件が揃うまで待たない。

気持ちが整うまで待たない。


まず、始めてみる。ダメなら諦めよう。

「始めてみたら面白くてやめられない！」

人生においてそういうものと、たくさん遭遇できたら最高だ。

そして、やめてしまったものも（世の中では「ちょいと噛み」というが）、じつは生きていく先で、役に立ったりするのだ。


たった一度の人生。

いろんな体験、経験をしてみたいとボクは思う。

そして、いろんな道の人として生きられたら、「非常に面白いのでは」と信じて疑わない。あるときはビジネスマンとして、あるときは名もない男として、あるときは芸術家として、あるときは物書きとして……いくつかの顔を持ち、自分の人生を複眼的に見ることができたら最高だと思う。

いまは複数の仕事を持つ人も増えている。

「副業」と書かれていたそれらが、「複業」と位置づけられている。クレジットカードの会員申し込み用紙にも、職業欄に「その他の仕事」と書き込むスペースがあったりする。複数の収入源を持っている人のほうが返済能力がある、と判断される時代だ。

企業も複業を始める時代。

ノキアは携帯電話で有名だが、もともとは製紙会社だった。

富士フイルムも医療の会社に変わった。徐々に新しい分野を始め、母体自体が変体するのが、時代の変わり目で大切と思われる生き方、やり方だ。

なので、新たな収入源を持つことは、とてもお勧めだ。

収入が増えるだけではなく、コミュニティや人脈も増え、新しい経験や見方も手に入れることができる。

多くの視点からものを見ると、2Dから3Dと見え方が変わる。


物事を始めるいちばん簡単な方法は、始めることだ。

「あのこと、やらないとな〜」と何度も反芻《はんすう》するのではなく、いま、始めるのだ。

隙間時間の5分があれば、手がけてみる。

5分専念したことで、次のとっかかりはとても簡単になる。

積み上げられた食器群。前日の宴会の残骸《ざんがい》。しかし、あまりにも多すぎる食器に慄《おのの》くわけだ。5分あったら5枚でも皿を洗うことができるのだ。

少しでも始めると、皿洗いの世界が脳に広がる。

広がりかけたところで5分経過。やめなければいけない。

しかし、脳は続けたがる。その力を借りて、次のとっかかりを簡単にさせるのだ。

また、「ピッ」と降りてくるインスピレーション。
それを「パッ」と行動に結びつけているだろうか？
これを「ピッパの法則」と呼ぶ。

ピッと来たら、パッと行動に移す。ピッピピッピピッピピッ……と来ているのに、パッと行動に移さなかったら、頭の中に「ピ」が大量在庫として残ってしまい、悶々《もんもん》としはじめる。
「あ、あの人に電話しよう」「あ、そうだ！　買ってみるか」「ん？　だよね。断ろう」と行動派に転身するには、「すぐにやってみる」ことだ。

成功へのアクセスコード

23

「一歩が出ない壁」を解除するアクセスコードは、やってみてダメだったらやめればいい、と思って始めることなんだ。

24
「失敗したらどうしよう」の壁
自分を再教育する

高度成長期やバブル、この国の経済が右上がりだったときに必要だった日本人と、いまのこの時代に必要な日本人、そしてこれからの日本にとって必要な日本人は当然、違うタイプだ。

その違いは教育によってつくられていくと思う。

すでに教育を受けてしまったボクたちは、自分自身を再教育する必要がある。

右上がり経済のときは、とにかく上の者に従順で、言われたことを素早くこなす人が求められていた。

「突撃！」と言われたら、何も考えずに突撃する。歩兵隊は「なぜ突撃なのですか？」と聞く必要はない。そんな時代があった。

生産国日本にとって、そうした教育は、それはそれで機能していたのかもしれない。

国全体が成長しているということで、宇宙船日本号はドンドン上昇しているのだ。

なので、少しばかり間違っていても、全体が上昇しているから、宇宙船日本号の中で沈んでも、相対的には上昇していた。


しかし、いまはどうだろうか？

労働賃金が高くなり、利益構造が機能しなくなってしまった。

たとえば、ボクの親がやっていた真珠《しんじゅ》養殖も、日本人1日あたりの日当と、ベトナムでの半月のお給料が同じだ。

同じ仕事をしているのに、人件費が約15倍も違っては、勝ち目はない。

「カタチがないもの」もしくは「ほかにはないもの」をつくり出す必要が、いまの日本に求められている。

そんなスーパーコンテンツは、どうやったら見つかるのか？

「いかにうまくやると失敗しないか?」

というやり方でやっても、スーパーコンテンツは生まれない。

「え〜い! やってみよう!」とやってみるが結果は大失敗。しかし、その失敗から次へつながる意外なヒントやクリエーションが生まれる。


つくってみたら大失敗。できあがったのは「くっつかない接着剤」。これを転用してできたのが、「ポスト・イット®」だったりする。

また、すべてのアレコレは出尽くしてしまったともいわれる。

コレとアレ、意外な組み合わせで新しい何かを創り出す。その技法を「マッシング」という。「マッシュポテト」の「マッシュ」だ。

音楽を聴く道具とカメラ、そして電話を引っつけてみたりするわけだ。

失敗を恐れず、自分で考え、行動に移す。「トライアンドエラー」から新しい世界が切り開かれていく。

さあ、自分を再教育しよう。

「目標を持ちましょう」と言われると、瞬時に恐怖感が頭をもたげる。

なぜ、この感情が浮かび上がるのか？

それは過去の教育で、「失敗してはダメですよ」と刷り込まれているからだ。

「目標を持ってやったが、ダメだった」

「その目標まで届かなかった」

そんな自分に罰を与える教育を受けてしまっているのだ。

こう考え方を変えてみてはどうか？

「目標を持って挑んだが、達成はできなかった」

「しかし、もし目標なしで頑張ったら、ここまでは来られなかっただろう」

「目標を持つことでかなり前進できた」

「これは素晴らしい！」
と自分に「罰」や「×」ではなく、「○」を与える習慣だ。

目標は未来を変えるためでなく、いまや自分を変えるために持つ。
目標は目標達成のためではなく、目標を達成できる自分になるために持つ。
それにより自己改革が成され、チャレンジする喜びも得ることができるのだ。

成功へのアクセスコード

24

「失敗したらどうしようの壁」を解除するアクセスコード
は、「失敗」の定義づけを変えることなんだ。

第５章

感情のブロックをはずす

——成功のもとに怒りを抱えてはいけない

25

黒い心の壁

黒い心を知る

正しくあろうとするとき、人は光を選択する。

俯瞰して観察し、よりよい判断をしようとする。

しかし、状況によっては怒りが限界を超え、憎しみに変わり、破壊的になるときがある。

光を選択する理性の限界を超えたときだ。

あるときは、嫉妬心が度を越すときもある。

「なんであの人ばかりいい思いをするわけ」と心の黒い部分が頭をもたげ、その人の不幸を願ったりすることがある。

誰の心にも潜む黒い心。

その黒い心と、どうつき合っていくのか？

黒い心と交《か》わした契約は必ずしっぺ返しされることになるのだ。それがわかったうえでも、契約を交わしてしまうことがある。

「怒りとは自分のキャパを超えたときに起きる感情だ」といわれるが、自分はそんなに小さな存在ではないと信じきることで、黒い心と契約を結ばないようにしたいものだ。


怒りや嫉妬心ではなく、悲しみや落胆として症状が出ることもある。

これまた黒い心が活躍している状況かもしれない。

「だから私はダメなんだ」「どうしていつもこうなんだろう」と、悪魔との交換日記が始まる。

自分を責めはじめたら切りがない。

「神様、このことに関してしっかり反省しました。もうこの感情のループを止めてください。

そして、必要なことを深層意識レベルでよろしくお願いします」

とお祈りするのも、黒い心から抜け出す方法としてはいいのではないだろうか？

心の中にある黒い部分が、エネルギー源になるときもある。

「負けないぞ」「ここで諦めたら彼らが正しいことになってしまう」と自分を鼓舞《こぶ》し、前に進んできた歴史が、いまの自分にもある。

悔しさをバネに、自分の不甲斐《ふがい》なさを挽回するために頑張ったことがあった。

誰かに馬鹿にされたり、意地悪をされて、エネルギーをなくすことがある。

最大の仕返しは「感謝」だ。

「あなたのあのときの一言で、とても勉強になりました。そのおかげでいまがあります。ありがとうございます！」と言える未来に向かって、いまを力強く歩く方法もある。

問題に直面したとき、「大変だ、大変だ」と光を見失うことがある。

「この問題をどう対処しよう」と陰にフォーカスをし、その闇の中で自分を見失うこともある。

そんな折、大切なのは、「そもそもどうなったらいいのか？」「どうなると問題は解決したと認識できるのか？」と光にフォーカスすることだ。

そうすることで、「この問題は放置し、ほかでなんとかカバーしよう」と、そもそも問題が問題ではなくなる場合も生まれてくる。


頑張らないとうまくいかない！　と頑張ることを大前提に現実に向かうと、頑張らないといけない局面がドンドン押し寄せてくる。

現実の初期設定に「頑張らないとうまくいかない」に「レ点」が入っていて、次々にその現実を引き寄せてしまうのだ。

初期設定を開き直し、「サクサクと物事がうまくいく」に「レ点」を入れ直すと、急に現実が変わって見えてくる。

ぜひ、初期設定の「光にフォーカスをする」に「レ点」を入れてみてほしい。

心の中で常日頃、何度も反芻し思っていることが実現するだろう。

自分で自分の機嫌をとり、光を選択し、より長期的で、より善である判断を選択し続けていきたいものだ。

光の世界が崩壊しないよう、本当はどんな人生を体験し、どんな自分でありたいかの確認が日々、必要だ。

「明るい人は明るい気質だ」と決めつけ、諦めるのではなく、「明るい人は明るくいようとしている人だ」ということを知ってほしい。

成功へのアクセスコード

25

「黒い心の壁」を解除するアクセスコードは、どんな自分でありたいかを確認することなんだ。

26

問題の壁
解決するために何ができるか

目の前に問題がある。
心を鷲《わし》づかみにし、悩みの世界にあなたを突き落とす。
思い出すと胸がキュンとする。
体をズシリと重くさせ、笑顔からあなたを遠のける。
問題が心を苦しめるのではなく、問題があるという事実が心を苦しめる。
避けても、逃げても、消え去りはしない。

その問題を解決するには、問題を具体的に知ることが大切だ。
現状を把握し、解決するためには何が必要かを考えるべきだ。

問題を嫌うあまり、問題を直視することができず、実際、何が問題なのかを知らないまま悩んでいるケースも多々ある。

何がダメで、何が大丈夫なのか？

問題を把握することで仕事の半分が終わる。

ハッキリしていることと、ハッキリしていないことを、ハッキリさせると心がスッキリする。


問題を嫌う気持ちが、問題を放置させてしまう。

放置された問題は徐々に時間切れに近づいていく。

「するべきことを先延ばしするのは、もっとも情けない自己防衛である」と言った人がいる。

放置したり、先延ばしすることで問題が巨大化したり、手遅れになるケースが多い。

あとで一気に片づけようとか、時間がシッカリできてから対応しようとか、条件が揃ったらと考えるのは得策ではない。

とにかく、手がけてみる。

初めはゆっくりでもいいので、手をつけてみるのだ。

問題を分析することでやるべきことが明らかになり、心が楽になることもある。分析してみると、「な〜んだ。こんな問題だったのか?」とびっくりするときもある。

また、逆の場合もある。

分析してみたら、どう考えても解決できないときがある。


素晴らしいお坊さんの言葉に、こんな言葉がある。

「方法があるなら、悩むことなかれ。それをやればよいのだから。方法がないなら、悩むことなかれ。何も行うべきことはないのだから」

いつも、この言葉に救われる。


問題を分析し、何をどうしたらいいのかと「やるべきこと」を明らかにしよう。

目標と現状のギャップを認識したら、それを埋めるためのタスク(= to do)を書き出してみよう。

方法は1個でも多く、複数出してみよう。

たくさんあればあるほど、余裕が生まれ、問題解決が簡単になる。

この手がダメでも、あの手がある。あの手がダメでも奥の手がある。

把握することで問題解決の50％が終わり、タスクを書き出すことで75％が終わる。

あとはやるだけだ。

やるべきことの優先順位上位2割を行動に移すことで、問題解決は完了するといわれている。


やるべきことがわかっているのに、動けない。

これは動きたくなる感情をつかんでいないということになる。

その行動を起こすことで、何を手に入れるのか？

そして問題を解決したあとに、どんな現実が待っていて、そのとき、自分はどんな感情を体験するのかを書き出したりしながら想像してみよう。

物事には二面性がある。

一つは「事実」、もう一つはそのことに「与えた意味」だ。

この「与えた意味」が、「動き出したくなるような気分を纏《まと》っているか？」が大切になる。

事故にあった。ツイてない。

事実は、「事故にあった」ということ。

与えた意味は、「私はツイてない」ということ。

事実は受け入れるしかない。

しかし、アレンジできるのは「与えた意味」だ。

事故にあった。ツイてない。

「事故は起きてない」は、嘘になってしまう。

事実はアレンジできない。

「ツイてない」をアレンジしてみよう。

「命に別状がないどころか、怪我《けが》もなかった。ツイてる！」とするのは、どうだろうか？

同じ事実だが、問題に挑む気持ちが変わってこないだろうか。

あなたがどんな気持ちになったとき、行動に移すことができるだろうか？
そのためには、どんな意味づけが相応しいだろうか？
試してみよう！

成功へのアクセスコード

26

「問題の壁」を解除するアクセスコードは、
感情をアレンジして行動に移すことなんだ。

27

怠惰の壁

大前提を変える

人間は怠惰なものだ。

自分の感情に流されている人を見ると哀れだ。

「楽なほう」を選ぶことで、人生全体的に見て「大きな苦」を選んでしまっているのに、と溜息が出る。

空腹に耐え切れず、作物をつくるための種を炒《い》って食べてしまう人の姿を見るようだ。

怠惰な人は、「人間は基本的に怠惰なものだ」と知らないのではないか。

怠惰な自分とつき合うには、自分は怠惰なのだと知って対応しなければならない。


人はどんなときに怠惰になるのか？

まず、疲れているときだ。

元気なときは自分を制することができるが、疲れたり、弱くなると本来の自分が現れてくる。体調不良、寝不足、疲れが溜まったときに怠惰な自分に負けてしまうのだ。

また、ショックなできごとがあり、心が疲弊すると「どうにでもなれ〜」と怠惰な自分が大暴れする。何もかもが、どうでもよくなってしまうのだ。

「怠惰＝自虐《じぎゃく》」の図式が成立する。

頭の中がノイズだらけで、集中できないときも怠惰な自分はボクたちを支配する。目の前のこと以上に気になることがチラチラと心のスクリーンを乱し、集中させてくれない。頭の中の整理整頓は、怠惰な自分に打ち勝つために必須と肝《きも》に銘《めい》じよう。

「頑張っても、頑張らなくても同じだ」という状況もボクたちを怠惰にさせる。頑張る理由を見失うと、すぐに怠惰な自分が現れ、できない理由、やらない理由を天才的に発見するのだ。

「自分は怠惰な人間なのだ」と認めると、自分を何かに集中させ、乗せていく工夫が始まる。

あなたはどんなとき「乗った自分」を体験することができるだろうか？

自分を乗せる方法を知っていることが大切だ。

それを知ることで自分をコントロールすることができるのだ。


目の前にそびえる膨大な量のやるべきこと。

一瞬にしてやる気を削ぎ、ボクたちを怠惰な世界へ引き込もうとする。

たっぷり時間がなければできないと、手をつけることを阻止するのだ。

最後までやり遂げる時間がなくても、「5分あったら少しでも行動」と自分を奮《ふる》い立たせ、手をつけさせるようにボクはしている。

物事を始める最良のやり方は、とにかく始めることなのだ。

わざと丁寧に時間をかけてスタートさせてみるのも、コツの一つだ。

丁寧に始めると、心が澄《す》み渡り、集中した時間を演出してくれる。

刺激を受け、気分が乗ってしまえば、怠惰な自分に制御されることはない。

絵を描くときなどは、雑誌やサイトや誰かの個展を見たり、頑張っている人と会うことでやる気が湧き出てくることを、ボクは知っている。

仕事も同じで、やる気になる場所、人、事に触れることでパワーは簡単に自分の中から取り出すことができる。

次は頭の中の整理整頓だ。

ハッキリしていることと、ハッキリしていないことをハッキリさせることで、心がスッキリする。

前で書いたように、現状を把握することで仕事の50％は終わったといわれる。

目標と現状のギャップを把握したのなら、あとはそれらを埋めていく「やるべきこと」＝to do リストを書き上げ、スケジュール帳にスケジュールを入れるだけだ。

優先順位の上位20％を行動に移すだけで、大概のことは成し遂げることができる。計画を立てるだけでやる気が湧き出ることもある。

「計画を立てる」とは、いかに手数少なく、快適に物事を成し遂げることができるか？と最小努力で解決する策を模索《もさく》することをいう。

「やり遂げなければいけない」という気持ちに潰された経験はないだろうか？

「目標を達成しなければいけないが、私はいまツキがない」

「掃除しなければいけないが、最近、時間がない」

「会いに行くべきだが、その気持ちになれない」

「○○したいが、■■だ」ということは、「■■だから、○○ができない」と書き換えることができる。

「■■の状況に私はいる」が大前提となって、「○○できない」と結論づけている。人生では、この「大前提」が叶いつづけるようになっている。

また、この大前提は「あなたの思い込み」でできている。

大前提を変える方法がある。

「○○が叶ったなら自分はどうするのか？」と考えると、「叶ったなら、□□する」と未来の様子がイメージの中に現れる。

「○○が叶ったなら」と「叶った自分」が大前提になって、思考が進んだことから未来の像が現れる。

さあ、あなたの叶えたいゴールの向こう側にある未来の記憶に触れてみよう。

成功へのアクセスコード

27

「怠惰の壁」を解除するアクセスコードは、
人間は怠惰なものだと知ることなんだ。

28

エネルギーの壁

問題を解決する

エネルギーに溢れた人がいる。

出会った人をドキッとさせるほど、エネルギーに溢れている。

目からキラキラビームが出て、周りが揺らぐようなオーラを発し、相手を包む心の安全ネットを持ち、自然とその人を軸に空間がまわり出す。

あなたはエネルギーに溢れているか？　そばにいる人に、知らず識らず影響を与えるようなチカラを発しているか？

その場にいるだけで、空間のオーラを変えてしまう人がいる。

大阪のある居酒屋でご飯を食べていたときに、「拓巳さん、いま、北野武さんが後ろを……」と言われ、廊下を覗《のぞ》き込む。

廊下を歩く北野さんの背中が見えた。

北野さんが店の人に軽くあいさつし、店を出て行くと、その廊下はスッと雰囲気を変え、ただの普通の廊下に変わった。

北野さんが歩いていた時間だけ、まるで映画のようだった。こうやって背中だけで物語を紡いでしまう人がいる。


「どこからやって来て、どこへ行こうとしているのか？」

それがその人のオーラをつくる、と言った人がいる。

「遠くからやって来て、遠くに行こうとしている人はオーラが大きい」

ということになる。

老子《ろうし》の言葉に、

「本当の旅人とは、決まった計画など持たず、どこかに辿り着こうという執着も持たないものだ」

というのがある。

人生を旅にたとえることが多々あるが、あなたはどんな旅人として、この人生を生きているのか？

エネルギーに溢れるとき、あなたはどんな状態なんだろう？

やりたいことがあり、それに向かっている。得意なことがあり、それを十分、実現でき、たくさんの人に賞賛され、貢献ができている。

なにしろ体調がよくないと、エネルギーは溢れない。寝不足だったり、睡眠の質が悪かったり、疲れが溜まっていたりしては目から光が消えてしまう。

心の状態も大切だ。

心が整理整頓され、ワクワクしているときはエネルギーに溢れている。

人間関係の悩みや金銭的な悩みがないこと。

問題があってもよいが、悩んでいてはエネルギーは溢れない。

問題を解決するための方法を考え、計画を立て、やることがわかっていること。


また、伝えたいこと、言いたいことがあるとき、人はエネルギーに溢れる。

新しい気づきや、新情報をゲットしたなら、伝えたくて、伝えたくてと溢れる自分自身がいて、存在自体がパワースポット化し、周りを巻き込むほどのエネルギーを発する。


どんな思い込み、信じ込みがあると、エネルギーに溢れるのか？

「自分は強運だ」と信じることで、エネルギーが湧いてくるという人もいるだろう。

「みんなから求められている」っていう人も、「いまがチャンスだ」「〇〇さんを喜ばせたい」「みんなに追いつける」「これを成し遂げたら、みんながびっくりする」等々、いまのあなたにとっての思い込みを再確認してみよう。


そして、その溢れたエネルギーを何に使うか？

それを成し遂げると、どんな未来が待っているか？

そして、どんな感情を体験することになるだろうか？

それをすることで誰が喜ぶのか？


いちばんいい方法で、いちばん効果的なタイミングで、そのチカラを使ってみよう。

そして、それをさらに大きな溢れるエネルギーにするには、どうしたらいいのだろうか？

きっと、それが次の素敵を連れてくる、連鎖型のワクワクエネルギーになるのだ。

成功へのアクセスコード

28

「エネルギーの壁」を解除するアクセスコードは、遠くへ行こうとすればするほどエネルギーは大きくなるということなんだ。

29

やる気のリバウンドの壁

現状を把握する

「やるぞ！」と心に決めたが、数日でやる気がなくなる。

なぜだ？　なぜだ？

やる気とは、砂浜につくった城のごとく、と比喩《ひゆ》される。

子どものとき、砂浜につくった城を次の日、見に行ったことはないか？

こんもりと城の跡が残っているはずが……次の日には跡形もない。

やる気とはそんなものだ。

つづくと思っている人に、やる気がつづいた験《ため》しはない。つづく人たちはやる気などはつづかないとわかっている。

やる気はリバウンドするのだ。

大切なのは、やる気が消え、素になったときに、その自分で判断しないこと。「できないと思っている」ということを認識したら、「その自分で考えたらダメだ、判断したらダメだ」と即座にモードを替え、やる気の復活の手順に従って、認識を変更させることが大切だ。

これをしくじると感情に流されるというパターンに陥る。

やる気の復活の手順はこれだ。

（1）「制限がないなら、どんな人生がいいのか」を書き出してみる。
（2）「何がうまくいっているのか」を書き出す。
（3）「何がうまくいっていないか」を書き出す。
（4）「何をすべきなのか」を書き出す。
（5）「どんな心の状態になるとうまくいくのか」を書き出し、感じてみる。

やる気が下がっているときの自分は、「未来に関する記憶」の「量」が減っているときだ。

一時、やる気になっても毎日、1日分、過去に関する記憶の量は増している。

今日という日が過去になるからだ。

未来に関する記憶の容量はどうも3日分くらいが限度で、3日放置すると過去記憶と未来記憶の分量は等しくなり、やる気はリバウンドし、味けのない素の現実に戻る。三日坊主という言葉が心に沁《し》みる(笑)。


「制限がないなら、どんな人生がいいのか?」と考えることで、未来に関する記憶を増量することができる。

「制限がないなら」と前置きするのは、「制限」は過去の産物で、制限から見る未来のビジョンは過去の延長線上にあり、現状維持型のイメージになりやすい。

未来に関する記憶を増量するだけで、ワクワクは復活する。

やる気がつづいて見える人は、三日坊主をひと月に何度もスタートしている人で、週に2度以上の未来の記憶が増える仕組み、リマインドの仕組みが効果的に働いていると考えられる。

「何がうまくいっているか」
「何がうまくいっていないか」
と、いまの自分を把握してみる。

現実を把握することで、悩みの正体を暴《あば》くことができるのだ。

そして、「何をすべきなのか」と、やるべきことを書き出すと、同じことを違う角度から書き出していることが多々出てくる。同じ意味、かぶったものは消去し、モレがないかを確認する。

「やるべきこと」の中の優先順位をハッキリさせ、行動に移すと、ほぼ問題は解決する。

ちなみに現在に関する記憶の量が過去、未来の記憶の量を超えた場合、「バタバタする私」を体験することになるが、思い出してほしい。

あなたが過去、そうなったことで、いまにどう影響を与えているだろうか？
じつはそのことをバタバタやっても、未来は変わらないのだ。
未来に関する記憶を増量し、ワクワクを復活させ、行動に移すエネルギーにしたときのみ、
人生はあなたの期待に応えてくれるのだ。

成功へのアクセスコード

29

「やる気のリバウンドの壁」を解除するアクセスコードは、未来に関する記憶を増量し、ワクワクを復活させることなんだ。

30

感情の壁
「楽」を選択する

感情たるものは水面に書いた文字のごとく、あるように見えるのに、時間の経過とともに消えていく。仏教ではそれを「空《くう》」と呼ぶのだと、チベット密教を学んだ友に教えてもらった。

自分の感情とどうつき合うか？

お釈迦《しゃか》様も、すれ違いざまに頬を打たれると感情は乱れる、と彼は言う。

しかし、その感情も水面の文字のように消えてなくなるのだからと、感情のまま次の行動には移さないらしいのだ。

これをして「悟《さと》り」と呼ぶらしい。

仏教には「幸せ」という観念はなく、近いものには「楽」という言葉があるらしい。「楽」とは「苦」がない状態を呼ぶ。幸せは悪いものではないのだが、幸せでありたいという執着が苦を生み出してしまうのだと。


我々はこの感情の物語が人生だと捉えるが、それは実態のない「空」である。

では、その感情の向こうにある静かな鏡面の湖が本来の意識なのか⁉


眠ろうと床についても頭の中の会話が止まらず、眠らせてはくれないときがある。

この頭の中で展開するホログラムは、ボクの認識が描き出す仮想現実。

それは認識によって生み出されている。

それを判断し、「認識させている部分を想像し、それらの基盤を抜き出し、意識の中でパチッと消すとホログラムの像は姿を成すことができず、雲のように曖昧《あいまい》なものとなる。

モワッとなったところで、「お。モワッとなったぞと認識している、その認識している基盤も出てきなさい」と呼び出して、それもパチッと消してみる。

さらに曖昧な世界へ誘われ、ホログラムは霧のようになっていく。その霧の向こうを覗き見ると、鏡面の湖を見ることができる。

意識の源。静かなる場所。それをただただ眺めながらボクは眠りに落ちるのが好きだ。意識が創り出すヴァーチャルな世界を現実だと信じ、リアリティを与えている。ある意味、与えすぎてはいないか？　外の世界をどんなに変えようと、編集加工された意識の仮想現実を生きるボクたちにとって、なんら変わらないのではないか？　静かなる意識につながり、その世界にリアリティを与えて初めて、揺るぎない平和な現実を生み出せるのではないのか？

成功へのアクセスコード

30

「感情の壁」を解除するアクセスコードは、静かなる意識につながり、その世界にリアリティを与えていくことなんだ。

第6章

自分主導の人生にシフトする

――誰かの影響下で生きない

31

嫌いな人の壁

共通点に注目する

「あの人が嫌い」

「あの人の、この部分が苦手」

「あの人って生理的に無理」

……しかし、そう思っているのはあなただけで、ほかの人はそうじゃなかったりする。

「え!? 気にならないの?」と、あなたはその事実に驚愕《きょうがく》する。


あなたはなぜ、その人が嫌いなのか?

なぜ、その人のその部分に嫌悪感を抱くのか?

その理由を教えてもらったとき、ショックを受けたことを覚えている。

あなたがその人を嫌いになったり、その人のその部分が、どうしても許せなかったりする理由は何だろうか？

準備はいいだろうか？　なんと、その答えは……。

あなたが嫌っているその人の部分を、あなたも持っているからなのだ。

「それはいけない部分だ。押し殺さねば、消し去らねば、見えないようにしなければ」としているのに、あの人はそれを隠すことなく、あなたの目の前で行動に移す。

「ありえない。許せない」となるのだ。

あなたの中にある、その部分をあなたが嫌い、隠しているのに、それを隠さないその人が嫌いなのだ。

もしあなたが同じ部分を持っていなかったら、その人のその部分を嫌ったりはしない。

「なんで、あんなにいちいちこまかいの?」とイライラしている人がいるが、こまかくない人には、その人がこまかいとはわからないのだ。

あなたも細部にわたって気になるタイプで、過度な詮索《せんさく》や、いちいち段取りが悪いことにカチンカチンと感じないように努力している。

そういう行いはいけないと思っている。

なのに、そんなことをまったく気にせず振る舞う人と会うと、勘所《かんどころ》に障《さわ》り、イライラする。

「なんで、あんな酷《ひど》い言い方を彼女はするの?」と怒っている人がいるが、同じタイプだから、その人が含んだ意味がわかる。

逆に考えると、嫌いな人を見つけたら、自分が自分の中の何を嫌っているかを知ることができるチャンスだ。

「あの人、嫌だな」と発見したなら、「その人の何が嫌い? その人のどこが嫌い?」と自問することで、自分が自分の中に存在し、嫌い、隠している部分を発見できる。

そんな部分を自分が持っていて、心の奥にないものとして持ちつづけていたんだなということに気づくのだ。

こうやって、

「『悪い』をつくることで『いい』をつくる」

「『下』をつくることで『上』をつくる」

「『嫌いな人』がいるってことは『好きな人』を存在させる」

となる。

じつは、この上下や、いい悪い、好き嫌いという「価値の物差し」を手放すことで、ボクたちの心は解放される。

「自分勝手はダメだ」という価値観は、「みんなのことを考える人は素晴らしい人だ」という価値観を生み、「皆のことを考え、素晴らしくならないといけない」という考えが、あなたを縛っている。

「頑固《がんこ》はダメ」という価値観が、「素直な人って知性を感じる」という価値観を創り出し、あなたはそれを演じつづけなければいけなくなってしまう。

陰があるってことは光があるから。

陰が光を支えている。

この二元論が、嫌いな人の壁を創り出す。


嫌いな人が燻《いぶ》し出してくれた二元論。

価値観の罠。

これを機に、この二元論の限定された世界から解放されてみよう。


方法は心の中で起きているので、心の中で展開していく。

まず、イメージを使って、意識の中にその二元論を形づくる物差しを呼び出す。

その物差しの上部はいいと判断している価値観、下部は悪いと判断している価値観を現す。

そして、想像の中で物差しをボキッと折ってみよう。

いいとか悪い、正しいとか正しくない、美しいとか醜《みにく》い、善だとか悪だとかという二元論の世界が一瞬にして崩壊したんだ。そう感じてみてほしい。

そして、折れた物差しを宇宙の彼方に捨て、はい！　深呼吸。

「はい、ボキッ。オッケー！」

という具合で、慣れてくるとスッスッとできるようになる。

きっと、すっきりな気分を手に入れることができるだろう。

嫌いな人と出会ったらハッピー！　苦手な人と出会ったらハレルヤ！　イタイ人と出会ったらブラボー！　だ。

成功へのアクセスコード

31

「嫌いな人の壁」を解除するアクセスコードは、
自分の価値観の物差しを折ってしまうことなんだ。

32

焦《あせ》りの壁

丁寧に生きる

「間に合わない」と焦り、電車の中や車の中で駆け出したくなるときがある。焦ってもどうにもならないが、何もせずにはいられないときがある。

ある高僧の言葉に、

「問題があるときに方法があるのなら焦ることなかれ。それをやればいいのだから。問題があるときに方法がないのなら焦ることなかれ。何もやることはないのだから」

というのがある。

心の平穏な部分に常に触れ、平和な時間を生きよう。

物事を感じとる部分が揺れてしまっては、静かなる現実も荒れたもののようにとらえてしまうのではないか？

焦るとミスが多くなり、逆に時間がかかったりもする。

「焦らず、急げ！」とよく言われたものだ。

頑張ったけど、できなかった。

よく分析してみると「できなかった」のではなく、「間に合わなかった」というケースが多い。間に合わない原因は動き出しが遅く、間に合うと思っていたのに間に合わなかったというわけだ。

問題は間に合わなかったことではなく、間に合うと思っていたことにある。

なので間に合うと思っているときに「本当に間に合うのか？　じつは間に合わないのではないか？」と自分にチェックを入れる癖が必要だと思う。

また、動き出しが遅れると、人を焦らせることになる。自分が前倒し、前倒しに動いていたならば、人のことを待つことができるのだ。

動き出しが早いということは、丁寧に生きているということになる。


物事を達成したり、大きく成長させるために、たくさんの行動、大量行動を行いたいものだ。

しかしながらバタバタと焦り、周りの人に不安を与えてしまっては意味がない。

額から汗をダラダラと流し、遮二無二《しゃにむに》頑張っていることで高揚し、満足を感じる人もいるが、それが独りよがりになってしまうこともある。大切なのは達成することなのだ。


たくさんのことを1日に詰め込むが、一つひとつの時間はバタバタせず、ゆったりと過ごすように心がけたい。そのほうがゆったりとしたものが人に伝わり、ミスもなく、優雅ささえ感じさせるときがある。


その場での振る舞い、動きをスローにするだけで、場を自分のものにすることができる。

せかせかと動くのをやめ、落ち着いて動く。

呼吸を深く、ゆっくりにし、あたかも時間を操り、ときが遅く流れているように振る舞うだけで、場が落ち着き、大樹に寄り添ったがごとく、人に安心感を与えたりする。場に飲み込まれそうになったら、胸元を3センチ上げ、姿勢を正すだけで自信が湧いてくる。起きてほしい現実が起きたがごとく振る舞うことで、現実があなたに合わせて構築されていく。

成功へのアクセスコード

32

「焦りの壁」を解除するアクセスコードは、「本当に間に合うのか？」と自分にチェックを入れることなんだ。

33

制限の壁

方法を模索する

制限はクリエーションの母体だと言った人がいる。

時間の制限、経費の制限、人材の制限、才能の制限……これらの制限が、創造の母だというのだ。

「経費はこれ以上は使えない」

「〇月〇日までに納品しなければ」

「人材が足りない」

それらの制限を考慮しながら、頭を使い、方法を模索する。

「こんな方法があるのではないか?」「あんなことをやってみてはどうか?」……サッカーでファンタスティックなパスを出す人をファンタジスタと呼ぶが、仕事においても、創作においてもファンタジスタは存在する。

ある車メーカーは経費削減のためにレース参加を断念した。レースに参加すると、たくさんのお金がかかるからだ。

しかし、参戦に再度踏み切る。レースに出ることで技術開発され、躍進するのだ。

そのメーカーはレースのための費用ではなく、研究費という発想の転換により再参戦したのだ。

軍事兵器として開発された様々な技術が、一般の生活用品となって後々、製品化される。限られた条件下で効果的に機能しなければ勝負に負けたり、命を脅かされるという状況が人間の脳を活性化させ、物事を飛躍的に展開させる。

目標を持つということも、制限を自分に与えることになる。

やる気と本気の違いを、「やる気は興奮しているだけ。本気には期限と数字がある」と表現した人がいる。

「いついつまでに○○をやるっ！」と、期限の日時と目標が数値化されているものが本気の状態だと言った。こうして制限を与えることで、脳は活性化することができる。制限と向かい合うことで、自分から力を取り出すことができるのだ。

「さあ、こんな状況の中、どうやってそれをクリアするかな？」

追い込まれたときは「策を練る」わけだが、「大切なのは策の数」だ。

ひたすら「これはどうか？」「あれはどうか？」と、アイディアを紙に書き出す。浮かんでは消え、却下されるダメな策もあると思われるが、ひたすらそれも書き出し、策の数を増やす。

ダメなそのアイディアが、次の素敵なアイディアを連れてくることがあるからだ。

脳は空白を埋めたがる癖があるので「その方法は9個」と先にアイディアの数を決め、ひたすら9個になるように埋めていくのも手の一つだ。

制限を与えるから脳は動き出すのだ。

「君たちはもっと頭を使いなさい」と、ある社長さんがスタッフにアドバイスをしていた。

「頭から湯気が出るほど考えなさい」と。

ボクもある程度、考えてはいるが「湯気や煙が出るほど」考えてはいないなと思った。

ある程度は誰でも試みる。それを超えた向こう側に踏み込むことで、宝を見つけることができるようだ。


奇跡という宝物は、壁の向こう側にある。

もし手前にあったら、全員が奇跡を体験する。

「ダメだ！」と思った向こう側に、奇跡は起きるのだ。


誰かが諦めそうになったとき、「諦めなかったらどうなるかの実験をしてみては？」とボクは助言している。

「諦めてはダメです」と自分を追い込むと、負荷がかかり過ぎてしまうと思うからだ。「実験スタイル」に変換し、ダメだと思う向こう側を体験してみてほしい。

「いま食べたら太る。食べてはダメだ」は、「もし、いま食べなかったらどうなるのか実験してみよう」と変換する。

「あの人に伝えてみたらいいのだけど……」は、「迷ったとき、行動に移したらどうなるか実験してみよう」と変換する。

「実験スタイル」に変換すると、物事の心への入射角度がマイルドになり、摩擦《まさつ》がなく、心地よく行動に移すことができる。

「何がなんでも〇〇しないと」と思うことで、自分の心にかけていたブレーキを「実験スタイル」は外してくれる。

それが、制限の壁の向こう側へ連れていってくれるアクセスコードなのだ。

成功へのアクセスコード

33

「制限の壁」を解除するアクセスコードは、心地よく行動に移す「実験スタイル」に換えていくことなんだ。

34

集中力の壁

時間を浪費しない

物事を成し遂げる人たちは働き者だ。

「努力した人のすべてが成功したわけではないが、成功者はみんな努力家だ」

という言葉がある。一生懸命、働くことは自分への期待、自分へのマナーだと思う。

「ボクは働くことが大好きです」と昔、ある社長さんに言ったとき、その人が「そうだな。

仕事がいちばんいい暇つぶしだ」と答え、びっくりしたことがある。

しかし、いま、少しそれを理解できてきたような気がする。

人生とは時間だ。

「何をすることで自分を楽しませることができるのか？」というのは、とても大切なテーマだと思う。

前述した「1万時間の法則」。

あることに1万時間を投下すると、その道のプロフェッショナルになれるという法則だ。

逆に、あなたがすでに1万時間を投下してきたものは何か？

すでにあなたは、その世界のプロフェッショナルになっているはずだ。

義務感で1万時間を投下することは至難の技である。

何よりも、それをやっているときが楽しくて、ついつい頑張ってしまうのがいいのではないだろうか？


「どれだけ時計を見ても5分しか進まない」という経験したことはないだろうか？

退屈極まりないときに起きる症状だ。

逆に、「時計を見たら既に2時間が経過していた」という経験もあるだろう。

忘我《ぼうが》の世界……夢中という状態だ。

「夢に夢中」と、サインを求められたときに、よく書かせていただいている。

夢中になれる時間が一日にどれほどあるのか？

一日の充実感、生活や人生の質を測るのに、いいバロメーターとなる。

何をやっているときに、あなたは夢中になるだろうか？

どうすると、そのことを夢中に頑張ることができるだろうか？

どの時間帯に夢中になりやすいだろうか？

どんな環境に自分を置くと夢中になるだろうか？

各自、個人差がある中から、自分の夢中パターンを見つけてほしい。


集中できる時間は限られている。

それを長く、複数持つことで、1日の夢中体験時間が長くなるわけだが、大切なのは夢中になるパターン習得と、いかに再現するかのコツを会得することとなる。

また、集中の時間が始まったときに、集中しすぎて休憩を取ることを忘れる。

気づくと疲弊《ひへい》していて、二度とそのモードに入れないというのはもったいないので、「いかに集中時に適度な休養を入れることができるか？」は誰もの課題である。

ボクは中学、高校、大学の途中まで陸上競技をやっていたが、陸上競技の練習には「積極的休養日」という日があった。積極的に休養をとることで心と体を休ませ、リフレッシュし、さらに質の高い練習をできるようにという日だ。

この概念をボクは仕事にも取り入れている。


忘我の境地に、「フロー」とか「ゾーン」「ピークエクスペリエンス」と呼ばれる時間がある。魔法のかかった時間帯で、最高のパフォーマンスを生み出してくれる。「透明な集中力」により、短時間にびっくりするような結果を生み、まさしく神がかった時間なのだ。

物事にのめり込む、「のめり込み力」がある人には、しょっちゅう起きる現象だが、これを研究した心理学者のミハイ・チクセントミハイは、フロー体験の8つの構成要素をあげている。
(1) 明確な目的(予想と法則が認識できる)
(2) 専念と集中、注意力の限定された分野への高度な集中(活動に従事する人が、それに深く集中し探求する機会を持つ)
(3) 自己に対する意識の感覚の低下、活動と意識の融合

（4）時間感覚のゆがみ（時間への我々の主体的な経験の変更）
（5）直接的で即座な反応（活動の過程における成功と失敗が明確で、行動が必要に応じて調節される）
（6）能力の水準と難易度とのバランス（活動が易しすぎず、難しすぎない）
（7）状況や活動を自分で制御している感覚
（8）活動に本質的な価値がある、だから活動が苦にならない

全部の要素がそろわずともフローは実現するが、少しの要因で（電話がかかる、来客があるなど）その魔法の時間は消えてしまうようだ。
要は「バカはまり」できる自分でいることで、人生は「神の時間」となるようだ。

成功へのアクセスコード

34

「集中力の壁」を解除するアクセスコードは、「自分を楽しませること」を把握することなんだ。

35

脳の壁

思い込みを変える

脳をフルで使うことはできない。活動は全体の3%とか5%と言われている。人間は大脳が異常発達したが、脳にエネルギーを送る消化器系は、なんらほかの動物と変わらない。どうも脳をフル使用すると、即死すると言われているらしい。

では、普段、どうやって脳を使っているのか?

要は記憶に頼るカタチで脳を休ませているらしい。なので、使われる3~5%は脳にとって重要度の高いものに使われる。

妊婦になると町中、妊婦が歩きはじめる。引っ越しを考えはじめると、町中、不動産屋さんだ。好きなアーティストの曲は常に街角で耳に届き、好きなブランドのカバンを確実に街で目にする。

要はあなたのセルフイメージに相応しい情報だけが目や耳から心に届き、あなたのセルフイメージに相応しい心の状態になるのだ。なので、不幸な人は不幸に敏感で、幸福に鈍感になる。また、幸福な人は幸福に敏感で、不幸に鈍感なのだ。心に何が届いているかを逆探知し、それが気になるってことは、いま、こんなふうに私は私を限定しているな、と深層意識の中の自分を分析することができる。


逆に97%の脳により、何を記憶として固定化しているのだろうか？

お母さんが急に老けるという現象を体験したことはあるか？

ある日、母を見ていると「急に老けたな」と。

じつは、お母さんは徐々に老けている。毎朝、顔を合わせるお母さんだが、あなたはその歳をとった女性がお母さんだと信じ、疑ったり確認したりすることはない。

リアルにお母さんと対面し、会話していると脳は思っているが、本当は心の中のアバターである母という偶像と話している。たまに、そのアバターをアップデートすると、「急に老けたな」となるわけだ。

目が覚めて、目の前で眠るご主人を見て、「こんな顔していたんだ」と感じる瞬間もアップデートによる、偶像の書き換えとなっている。


「では、知らず識らず、その記憶空間に入ってしまった事実たちをどう扱うか」が人生の面白展開につながるのでは、と思っている。

「あの人はどうなの？」

「いえ、絶対に来ないと思います」

「決めつけないで電話だけでもしてみましょうよ」

と電話すると「はい！　ぜひ！」と快諾。そんな経験はないだろうか？

「あの人はダメだ。非協力的だ」と印象づけるシーンがあったのだろう。

それは記憶に頼っている97％の領域に納《おさ》められ、固定化し、疑うことのない事実として処理されているのだ。「誰か他に参加者はいないか？」という問いにも、「あの人はダメだ」となっているので検索にかからないわけだ。

脳の検索エンジン、この脳の壁を越えるには2つの方法がある。

一つは脳にとって重要度の高いことを変化させる。

要はセルフイメージを書き換えることで、いままで見えなかった、聞こえなかった、届かなかった情報を手に入れることができる。

もう一つは「確固たるものを疑う」ことだ。これを「お母さんを疑え」と呼んでいる。

本当に台所に立つ女性は母なのか？　それを疑うことで、記憶の中に固定化された、決めつけてしまっていた中から宝を見つけることができるのだ。

成功へのアクセスコード

35

「脳の壁」を解除するアクセスコードは、記憶の中に固定化された、決めつけてしまっていた中から宝を見つけることなんだ。

36

心配の壁

想像力を味方につける

「ハート、出ろ！　ハート、出ろ！」とトランプを引くと、ハートの出る確率はアップするらしい。しかし、「スペード、出るな！　スペード、出るな！」とやると、スペードの出る確率もアップするらしい。

要は意識したものが実現するのだ。

心配事があると、そのことが起きないように心の中で何度も、何度も反芻される。

しかし、そうすることで心配事が起きてしまう確率をアップしてしまっている。

「富士山以外を想像してみてください」というと、ほとんどの人が富士山を思い浮かべてしまう。

「○○が起きませんように」と考えるのではなく、「どういう状況になってほしいのか？」を先に考え、それを望むようにすると、この問題は解決できる。「雨が降りませんように」ではなく、「晴れますように」。「遅刻しませんように」ではなく、「間に合いますように」と、丁寧に置き換え作業をしていこう。


こんな実験が行われた。

パチンコ玉のようなものをランダムに打ち出し、磁石でつくった壁を設置する。パチンコ玉を打ち出す機械と壁のあいだに、1本縦にスリットの入った板を置いたら、奇跡的に潜り抜けたパチンコ玉が磁石の壁までたどり着く。

パチンコ玉は縦に1本線になり、並んでいる。

これを2本のスリットにすると、当然、壁には2本の線上にパチンコ玉は並ぶ。

では、水面上にこのスリットの入った板を設置したら、どうなるか？

水面に何かを落とし、波紋をつくる。波紋は広がりながら板にあたり、スリットを抜けたところからはまた波紋が広がる。

2本のスリットの入った板を設置すると、2箇所から波紋が生まれ、干渉《かんしょう》し合いながら、壁には縦に並んだ何本もの線ができあがる。

干渉の結果、波紋の高くなるところ、低くなるところ、打ち消し合うところができた結果だ。

では、これを電子レベルで行うと、どうなるのか？

電子を打ち出すと、2本スリットの場合、どうなったか？

2本の線上に電子が並ぶと思わないだろうか？　なんと、水面に設置したときと同じように何本もの線上の配列になったのだ。これによって最小の存在は波動として存在しているのだ、と証明された。

しかし、どうなってそうなるのかと観察者を用意した。

奇跡的に2本のスリットから抜け出した電子が、どのように干渉し合い、波動のようになるのか？　すると、電子は2本の線上に並んだのだ。結果として、最小単位は素粒子だという結論となってしまった。

このことが、どういう結論に至ったのか？

要は観察者の意図が加わるので、その人の思い描いた実験結果になる。思いは具現するのだという結論となった。

実験は、見ることがミクロの物質の状態を変えることを証明した。

では、あなたの人生の観察者は誰か？

はい、そうだ。あなた自身だ。

あなたの体験している現実は、観察者であるあなたの意志が加わり、具現しているのだと考えることができる。

（参考：「2重スリットの実験」https://www.youtube.com/watch?v=vnJre6NzlOQ）

成功へのアクセスコード

36

「心配の壁」を解除するアクセスコードは、起きてほしくないことを思うのではなく、起きてほしいことを心に描くことなんだ。

第７章

自分の幸せは、自分で決めていく

――人生の目的を覚悟する

37

奢《おご》りの壁

自分を見直す

融通《ゆうずう》の利かない人がいる。
自慢話を誇らしげにする人もいる。
周りが見えない愚かな人も、常に利己的存在の人もいる。
ときとして心は、人をそんな人間に陥れるのだ。

ぼ〜っとしている人は、ぼ〜っとしていることに気づかない。
なぜかと言うと、ぼ〜っとしているからだ。
ズレている人は、ズレていると気づかない。
ズレるときはX軸、Y軸ともにズレるので、ズレを確認することができない。

どうしたらズレる自分に歯止めをかけることができるのか？

（1）ズレる場面をつくらない
環境がズレをつくり出す。「ここの環境はダメだな」となったら、近寄らないこと。これにより、かなりのズレを削減できる。

（2）ズレない人に会う
チューナー的な存在の安定してズレない人がいる。その人と定期的に会い、自分のズレを補正する。逆に、この人と会うと必ずズレるという人がいる。距離を置こう。

（3）ホンモノに触れつづける
時間がたてばたつほど、ボロになり価値をなくしていくものと、アンティークとなり価値を上げるものがある。

いつになっても変わらない光を発するものもある。

ホンモノに触れつづけよう。美術館に行ったり、素晴らしい映画を観なおしてみるのもいい方法だ。

（4）人生の目標、目的を見失わない

見失うから自分の座標位置を把握できなくなる。いかに自分にリマインド、思い出しができるか工夫が必要だ。

（5）感謝を忘れない

ありがとう＝有難う。「有ることが難しい」という意味。

逆の意味は「有ることが簡単だ＝あたりまえ」となる。

誰かのおかげで、あなたが存在できる。その「おかげさまでございます」を忘れないよう、すべてを「あたりまえ」と思ってしまわないように、感謝を忘れない。

（6）夢中になる自分を忘れない

子どものような自分でいたい。素直な心、まっすぐに向かう心を大切に。小賢《こざか》しい自分を排除して、夢中になれる心を大切に。周りの人に「可愛いな」と思ってもらえる無垢な心を大切に。

（7）5つのカメラでモノを見よう

1カメは、自分から見る世界。
2カメは、相手から見る世界。
3カメは、第三者から見た自分たち。
4カメは、過去から見た世界。
5カメは、未来から見た世界。
相手から見た世界、第三者から見た世界を意識しよう。

（8）「ごめんなさい」が言えること

間違えたら、間違えていたと認められる強さを持とう。凄いと思われるよりも、凄い自分になろう。

(9) あいさつはできているか?

「あいさつはさせていただくもの」と誰かが言った。この言葉に救われた。自分から、あいさつをさせてもらおう。

この文章を書いていると、「あの場面の自分、ダメだったな」「いい気になっていたのでは?」と反省の念で心がいっぱいになる。

成功へのアクセスコード

37

「奢りの壁」を解除するアクセスコードは、ズレていないと思うときは、ズレているんだと認識することなんだ。

38

常識の壁

変化を受け入れる

「それは常識では考えられない」「常識で考えて……」といたるところで、「常識」という言葉は使われる。

しかし、この常識というものが、人によって違うのだ。

ある人は将来を見越し、結婚資金を貯めている。

ある人は自分を磨こうと、給料全部を自分への投資として使う。

旅に出たり、講演会に参加したり、背伸びして高級レストランへ自分磨きに出かける。

どちらも正しく聞こえる。

貯金すると、その貯金がないと結婚できない男子と出会うことになるかもしれない。

実際、常識には個人差があるので、どっちが正しいと判断することはできない。

自分が進みたいと思うゴールと、いまの地点を直線でつなぎ、その線上に存在する「正しい」をトレースするのがよいようだ。

どっちが正しいのか迷ってしまい、答えが出ないときがある。
「悩んだときは、どの道も正解。自分を信じる」という言葉がある。
悩むほどなのだから、どちらも正しいのだ。
そして、選んだならば、選んだ道を信じ、選んだ自分を信じよう。

しかし、この常識自体も、常に変わりつづけているのだ。

これだけ移り変わりが速いいま、この常識が壁になってしまうことがある。
常識の枠にとらわれている間に、また常識が新しいものに変わったりする。
いまの時代、常識というテンプレートよりも大切なのはあなた自身の軸だ。
どう生きようとしているのか？

そのあなたの生き方のど真ん中にあるものが瞬時に判断をし、進むべき道を教えてくれる。

どう生きたいのか？

どうありたいのか？

自分に問いつづけ、軸というアンテナを常に磨いていたいものだ。


大切なのは信じること。


「私、自信がないのです」と進む前から自信のなさを理由に立ち止まる人がいる。

恐る恐る始めてみて、経験を積み、ラックが後押しし、前に進んだあと、後ろを振り返って初めて、自信は構築される。

始める前から「私、自信がないのです」と言っている人は「信じられる自分がいない」のではなく「信じれらるモノがない」のではないか？

「やればできる」という確信があることしか選択しなかったら、現状維持にしかならない。

では、あなたが信じられるモノはなんだろうか？

サポートしてくれる人たちだろうか？

自分の運のよさだろうか？

完璧な達成メソッドだろうか？

充分な経費や時間だろうか？

信じるものを持つ人は強い。


「私はこれが正しいと思う」

「いや、こちらが有用じゃないでしょうか？」

お互いの正しいと思うことがぶつかったときは、どうしたらいいのか？

価値観が多様化すればするほど、こんな機会が増えてきた。どっちが本当に正しいのかと戦ったら、かなり深いところまで刺し合うことになる。

なにしろ、両者とも正しいと思っているからだ。

こんな場合は、「私も正しいし、あなたも正しいと思います」のスタンスが大切。

「あなた様の話を聞いていたら、それが正しく思えてきましたが、私が思うところの正しさも聞いてもらっていいでしょうか？」と、二つの「正しい」をまな板にのせて話し合うと、案外、合点が得られる機会があるのかもしれない。

常識の中には、常識的な情報や常識的な方法や常識的な価値感が存在し、その延長には常識的な結果しか生まれない。

非常識は当然ダメだが、非常識の中に潜む未常識が常識化されるときに、チャンスは誕生する。

携帯電話にしても、パソコンにしても、SNSにしても、一瞬拒否反応があり、排他的に対応されたあと、みんながじわりじわりと理解を深め、当たり前になっていく。未常識が常識に変化するとき、チャンスとして光を発するのだ。

手垢がついた古い考えに翻弄されず、より素晴らしい人生を目指し、アンテナを立て、アンテナが錆びないようにメンテナンスをし、そよ風のように微《かす》かに届く予感を行動に換えていこう。
どんな時代でも変わらない大切なことと、時代の中で変わっていく大切なことのあいだに、あなたの活躍するステージが用意されている。

成功へのアクセスコード

38

「常識の壁」を解除するアクセスコードは、常識にとらわれず、自分自身の軸を大切にすることなんだ。

39

質問の壁
考え方を変える

「考え方を変えなさい」と言われたことはないだろうか？

なかなか、自分の考え方の癖を変えることは難しい。

なぜかというと、その考えは「思いついた」のではなく、「反射的に」出てきているからだ。

何に対しての「反射的」かというと、「自分に向けた質問」に対してだ。

人は一日に数万回質問をすると言われている。

その質問に対し、反射的に自分の考えが反応し、意識レベルに現れる。

考え方を変えるには、反射的に反応する考えを変更しなければならず、とても難易度が高い。

考え方を変える簡単な方法は、実際に考え方を変えるのではなく、自分に向ける質問を変えることで、違う考え方が反応し、結果的に考え方を変えたカタチになるのだ。

朝、目覚ましがジジジリ……となり、愚痴混じりにあなたは「なんでもう6時なの？」と心の底で自分に質問する。

心は「だって、眠ったの2時だったし、それは眠いよね」と反射的に答える。

「もう少し眠れるかな？」と問えば、「もう起きないと間に合わないし」と答える。

「なんでこんな予定を入れたの？」と問えば、「しかたないじゃん。今月、勝負の月だし」と。

こんなとき、「どんな質問を自分自身にすることによって、快適な朝になるか？」と新しい問いを意図的につくり出すことで、思考をお好みの方向へ展開することができる。

「どうすれば素敵な朝になるか？」と問えば、「新しい買ったばかりのコーヒーマシーンがあるから、それでコーヒーを入れて目を覚まし、お気に入りのあの曲で準備をしよう」と名案がふって湧いてくる。

「何が起きれば、今日は抜群の一日と思うことができるか？」と問えば、「とにかくいい気持ちで過ごそう。するといい返答がもらえるかもしれないし、なにしろそれのほうが今日という日が楽しいはず」と前向きな自分になることができる。

極上の考えを見つけるには、極上の質問を考える。


「なんでうまくいかないんだろう?」

ではなく、

「どうしたらうまくいくんだろうか?」

と質問を変える。

「お金がいつもなくて困っている。なんでだろう?」

ではなく、

「どうしたらお金に困らないか?」

もっと言うと、

「お金に関しての悩みから完全に解放される方法は何か?」

と質問を設定するだけで、「脳の使い方」が大きく変わる。

極上の質問をつくるコツは、明るい答えを引き出す質問にすること。

思いつくことで自分を責めたり、暗い気持ちになる質問は意識的に避けたい。

「なぜ、モテないんだろう?」だと、思いつくたびに心が荒《すさ》む。

「なぜ、ダメなんだろう?」を、「どうしたら、うまくいくのだろう?」に変えるのだ。

「どうしたらモテるんだろう?」とするだけで、明るいアイディアが生まれはじめる。

「どうしたら『困るほど』モテるんだろう?」とすると、ワントーン高いレベルのアイディアがやってくるのだ。


認識できる意識「顕在意識」によって質問はなされ、「潜在意識」で探しつづけ、ヒットすると、インスピレーションとして顕在意識に降りてくる。

お風呂に入っているときに、「そうだ! こうやってみよう」と何の前触れもなく、名案が降りてくるのは、それが理由だ。

仕組みがわかってくると、「この件、潜在意識に聞いておくね！」という感じで使えるようになってくる。

問題に対しての答えを考えるのではなくて、問題を解くための極上の質問を先に考える癖づけだ。

すぐに試してみてほしい。

成功へのアクセスコード

39

「質問の壁」を解除するアクセスコードは、問題に対しての答えを考えるのではなくて、問題を解くための極上の質問を先に考えることなんだ。

40

決断の壁

新しい仕組みを取り入れる

「決断したらできました！」という人たちに、たくさん会った。初め、その意味がわからなかった。「決断」という重いフレーズに、ただただ負けそうになっていた。

「決断とは決めて断つことだ」と聞いても、ピンとこなかった。

「できないなんて許されない」と窒息しそうな考え方からも逃げ出したかった。

しかし、心を決め、スッと、その心の状態に入れたときに目の前の風景が変わった。

「どうすれば目標達成できるのか」のヒントに溢れ、失敗からも学びのメッセージがやってきて、すべてのアドバイスが心に響き、一つひとつが意味を成す、そんな色濃い現実があったのかと驚いた。

あるときは達成し、あるときは達成できなかった。

達成したときは達成感に酔いしれて、快楽を超える快感を味わった。

達成できなかったときは身体中の血管が破れるほど悔しくて、倍返しだと腸《はらわた》が煮えくり返った。しかし、達成のあとは祭りのあとのように静まり返り、からだが鉛のように重くなってしまった。

次を目指す気になっていない自分に気づき、これはダメだと目が覚めた。

達成感は禁物だ。達成感のない達成をすべきだと気づく。

達成したものを完成させることに興味を移行し、すぐさま次の目標に頭を切り替える。

達成は完成へのただのプロセスだと知った。

「あのときの達成を、いまの当たり前にする」ってことを学んだ。

また、達成できないとき、「あれがダメだったんだ。これがダメだったんだ」と自分を責めたり、「畜生！　畜生！」と続けていると、たいへん疲れることも体験した。

川を登りきった鮭のごとく、ボロボロになっている自分に幻滅《げんめつ》した。

物事は「事実」と「それに与えた意味づけ」で成立している。

受けとめ方を変えることができるのは、「それに与えた意味づけ」で、「事実」は捻《ね》じ曲げたり、なかったことにすることはできない。

この「事実を受け入れる」ができないあいだは、本当に苦しかった。

「なんでそうなんだ」「どうしてうまくいかないのだ」と七転八倒《しちてんばっとう》していた。

あるとき、コツをつかみ、「はい！　起きていることはそうなんですね」とサクッと受け入れ、「与えている意味づけ」を変え、未来にすぐさま向かう自分を演出できるようになったら、楽に進むことができるようになる。

また、「決断＝努力」という考え方から、「決断＝引き寄せ」という考え方に変わりだした。「頑張らないと！　頑張らないと！」と思っていると、「頑張らないといけないシーン」を引き寄せてしまう。「やばい！」と思うと、「やばいシーン」を引き寄せる。「大変だ！」となると、「大変なシーン」を。

「起きてほしいシーン」を心に描き、それを引き寄せる。

それが決断のミラクルだ。


「決断＝集中」と考えることもできる。

チャレンジ時に集中する心は、「狂気の中の静寂」と呼ぶこともできる。

刻一刻と変化する現状の中、心の中がすっと透き通って、クリアな状態になる。

静かな心は達成への糸口を見つけ、引き寄せる。なので、心の中をクリアな状態にする努力、心のメンテナンスやトリートメントが必要だと知る。


また、精神論だけではなく構造的変革が大切だ。

大前研一さんが人生を変える方法を語っている。

それには3つ。
(1)「住む場所を変える」
(2)「つき合う人を変える」

（3）「時間の使い方を変える」

いちばん愚かなのは「気持ちを新《あらた》にする」ことだと言っている。

やる気は砂浜につくった城のようなものだ。

具体的に仕組みを変えること。

新しい人生は、仕組みを具体的に変えることによって手に入る。

住む場所が変われば、人生の流れが変わる。

つき合う人を変えたら、未来は動きはじめる。

時間の使い方を変えれば、意図したほうへ現実は走り出す。

当たり前だが、未来が変わるような時間を増やせば、未来は変わる。

成功へのアクセスコード

40

「決断の壁」を解除するアクセスコードは、

決断は努力ではなく、集中することだと知ることなんだ。

41

習慣の壁

自分の人生を生きる

じつはみんな忙しい。

「昨日のやり残し」と「今日、やるべきこと」と「明日のためにやっておきたいこと」と、この3つで24時間はびっしりと埋まっている。そして、この3つで人生は終わってしまう。

問題はサボっている感覚がないことだ。

「私だって頑張ってるもん」と思うものだ。一つ片づければ、次のやるべきことが容赦なく押し寄せてくる。

「制限がないならば、どんな人生にしたいのか?」と考えると、「これも、あれもやってみたい」と心は答えるが、時間の隙間に入れ込むことは困難だ。

3つのうちのどれかを排除しなければ、入れ込む隙間はつくれない。

油断すると心は疲れ、考えることを放棄する。

「さあ、何を手放し、何を優先するか」

優先順位の配列がDNAの配列のごとく、人生をカタチづける。


習慣という病は現状維持という症状を人生にもたらす。

定期的に頭を整理整頓をし、優劣を定め、限られた時間を有効に機能させていかなければならない。

「いま、やるべきことは何なのか?」と自分に問いつづけなければ、押し寄せてくる慣性の法則に流されてしまう。

忙しくてもやりたいことをやらなければ、誰かの人生を生きてしまうことになるのだ。

自分しかできない仕事は何なのか?

自分以外でもできる仕事は何なのか?

未来に重きを置くのか、いま現在に重きを置くのか？

何を重要視し、何を軽く視るのか？

不義理にはならないか？

やりすぎてはいないのか？

合理化はできないのか？

合理化ばかりを考えてはいないか？


何かを判断するには、判断する価値観の軸が必要だ。

判断をミスしながら、価値観の軸が定まっていく。

初めから完璧な判断や、完璧な選択はできないが、試行、改善を繰り返さねばより理想的な軸の構築はできはしない。

周りの人からの助言を素直に聞き入れ、自分の望む人生に照らし合わせながら、精度の高い選択、判断を手に入れる。

うまくいっていることにかまけることなく、より理想的なものを求め、飽くなき追求を。飽くなき追求とは飽きることのない追求だ。

織田信長は、戦において同じ戦術を使わなかったという。

さらに新しい自分で目の前の物事と向かい合い、真っ白な自分で作戦を構築すると、常に新しい発見が生まれる。

「まあ、こんなものでいいのではないか？」

としないことが人生において大切なことだ。

それを考えると、やはり心がいつも新鮮で、体調がよく、頭がよく整理されていることが求められる。

「よし、やってみよう！」と心が弾《はず》んでいることが求められる。

佐藤富雄先生に生前、大変お世話になった。先生はなるべく早くに休み、夜半過ぎに起き、仕事をするのだと言われていた。

10時前に就寝し、午前の2時、3時に起きだしてはフレッシュな頭で仕事をし、少し眠気を感じると横になり、また起きだしては2度目の午前中を楽しむと言われていた。明るくなると外に運動に出かけ、からだを動かし、と積極的に時間とからだと脳を使う「二度寝」「三度寝」で巧妙に複数回の午前中をつくり出すライフスタイルをされていた。新しい習慣を次々につくっていきたい。

成功へのアクセスコード

41

「習慣の壁」を解除するアクセスコードは、新しいことを気負わずに始めることなんだ。

〈参考図書〉

『スタンフォードの自分を変える教室』ケリー・マクゴニガル著（大和書房）
『2022―これから10年、活躍できる人の条件』神田昌典著（PHPビジネス新書）
『脳と言葉を上手に使う　NLPの教科書』前田忠志（実務教育出版）
『頭の回転が50倍速くなる脳の作り方―「クリティカルエイジ」を克服する加速勉強法』
苫米地英人著（フォレスト出版）
『クオリア入門―心が脳を感じるとき』茂木健一郎著（ちくま学芸文庫）
『生きがいの創造―〝生まれ変わりの科学〟が人生を変える』飯田史彦著（PHP文庫）
『未来記憶』池田貴将著（サンマーク出版）
『時間とムダの科学』大前研一ほか著（PRESIDENT BOOKS）
『カエルを食べてしまえ！』ブライアン・トレーシー著（ダイヤモンド社）
『媚びない人生』ジョン・キム著（ダイヤモンド社）
『成功哲学』ナポレオン・ヒル著（きこ書房）
『自分を超える法』ピーター・セージ著（ダイヤモンド社）
『一生折れない自信のつくり方』青木仁志著（アチーブメント出版）
『いいことだけが「今」から起きる　ももいろ波長の身につけ方』和田裕美（ポプラ社）
『7つの習慣』スティーブン・R・コヴィー著（キングベアー出版）
『フロー体験　喜びの現象学』M・チクセントミハイ著（世界思想社）

『メンタル・マネージメント―勝つことの秘訣』ラニー・バッシャム著（星雲社）
『自分を変える魔法の「口ぐせ」―夢がかなう言葉の法則』佐藤富雄著（かんき出版）
『グチるな社員 前を向こう！―いい仕事をする考え方と行動の仕方』佐藤芳直著（中経出版）
『「心のブレーキ」の外し方―仕事とプライベートに効く7つの心理セラピー』
石井裕之著（フォレスト出版）
『1億稼ぐ話し方―初対面から最後まで主導権を握れる！「ロジカル・コミュニケーション」驚異のテクニック』
安田正著（フォレスト出版）
『眠りながら成功する―自己暗示と潜在意識の活用』ジョセフ・マーフィー（産能大出版部）
『RELAX HACKS！』小山龍介、小室淑恵著（マガジンハウス）
『すごい会議―短期間で会社が劇的に変わる！』大橋禅太郎著（大和書房）
『幸運を呼びよせる　朝の習慣』佐藤伝著（中継出版）
『野心のすすめ』林真理子著（講談社現代新書）
『「怒り」がスーッと消える本―「対人関係療法」の精神科医が教える』水島広子著（大和出版）
『「苦しい人生、卒業！」悟る技術』橋本陽輔著（ヒカルランド）
『チベット仏教からの幸せの処方箋』Dr.バリー・カーズィン著（オープンセンス）
『なぜ殺してはいけないか―生まれ変わりと因果の法則』牧野宗永著（きずな出版）
『人生を成功に導く星の教え』來夢著、神田昌典監修（実業之日本社）
『かもめのジョナサン』リチャード・バック著（新潮社）

本書を執筆するうえで、以上の書籍を参考にさせていただきました。
この場を借りて、厚く御礼申し上げます。

著者プロフィール

山﨑拓巳（やまざき・たくみ）

1965年三重県生まれ。広島大学教育学部中退。22歳で「有限会社たく」を設立し、現在は3社を運営。現在までに27冊、累計119万部のベスセラー作家。主な著書に『ひとり会議の教科書』『やる気のスイッチ！』『人生のプロジェクト』『気くばりのツボ』（サンクチュアリ出版）。代表作『やる気のスイッチ！』は、2010年夏には中国語に翻訳され、2011年には英語版『SHIFT』となり全米で発売。日本のみならずアメリカ、香港、台湾、韓国、中国ほか、海外でも広く翻訳出版されている。講演活動は、「凄いことはアッサリ起きる」－夢－実現プロデューサーとして、メンタルマネジメント、コミュニケーション術、リーダーシップ論など多ジャンルにわたり行なっている。

成功へのアクセスコード

壁を越えて人生を開く

2016年2月20日　第1刷発行

著者　山﨑拓巳

発行者　櫻井秀勲

発行所　きずな出版

東京都新宿区白銀町1-13　〒162-0816

電話03-3260-0391　振替00160-2-633551

http://www.kizuna-pub.jp/

装幀　寄藤文平＋新垣裕子（文平銀座）

印刷・製本　モリモト印刷

ISBN978-4-907072-52-0